D1690251

ATRIUM

Notabene 45

Ein Tagebuch von
ERICH KÄSTNER

ATRIUM VERLAG
ZÜRICH

© Atrium Verlag, Zürich 1961
Umschlag von Manfred Limmroth
unter Verwendung einer Zeichnung
von Walter Trier
Gesamtherstellung: Ebner Ulm
Printed in Germany 1986
ISBN 3-85535-921-0

Inhalt

Vorbemerkungen 7
Berlin
   7. Februar bis 9. März 1945   17
Mayrhofen I
   22. März bis 3. Mai 1945   61
Mayrhofen II
   4. Mai bis 15. Juni 1945   121
P. in Bayern
   18. Juni bis 28. Juni 1945   179
Mayrhofen III
   29. Juni bis 5. Juli 1945   205
Schliersee
   9. Juli bis 2. August 1945   217
Postskriptum 1960   233

Vorbemerkungen

In einem Regal meiner Berliner Bibliothek stand, unauffällig zwischen anderen Bänden, während des Dritten Reiches ein blau eingebundenes Buch, dessen Blätter, wenigstens in der ersten Zeit, völlig weiß und leer waren. In Fachkreisen nennt man solche Bücher ohne Worte ›Blindbände‹. Es handelt sich um Buchmuster, die dem Verlag und dem Autor dazu dienen, die endgültige Ausstattung des geplanten Werks zu erörtern.

Der unverfängliche Blindband wurde mein Notizbuch für verfängliche Dinge. Die leeren Seiten füllten sich mit winziger Stenographie. In Stichworten hielt ich, als seien es Einfälle für künftige Romane, vielerlei fest, was ich nicht vergessen wollte. Und dreimal begann ich Tagebuch zu führen, jeweils etwa sechs Monate lang, in den Jahren 1941, 1943 und 1945.

Warum ich die Arbeit, noch dazu dreimal, nach kurzer Zeit wieder abbrach, weiß ich heute nicht mehr. Außer allerlei nicht mehr auffindbaren Gründen dürfte mitgespielt haben, daß der Alltag auch im Krieg und unterm Terror, trotz schwarzer Sensationen, eine langweilige Affäre ist. Es ist schon mühsam genug, ihn hinzunehmen und zu überdauern. Auch noch, Jahr um Jahr, sein pünktlicher Buchhalter zu sein, überstieg meine Geduld. Ich begnügte mich mit Stichproben.

Bis Ende November 1943 stand das blaue Buch, aufs sichtbarste verborgen, zwischen viertausend anderen Büchern im Regal. Dann steckte ich es, da die Luftangriffe auf Berlin bedenklicher wurden, zu dem Reservewaschbeutel, der Taschenlampe, dem Bankbuch und anderen Utensilien in die Aktenmappe, die ich kaum noch aus den Händen ließ. So entging es dem Feuer, als im Februar 1944 die anderen viertausend Bücher verbrannten. Und so existiert mein ›Blaubuch‹ heute noch, genau wie das Bankbuch. Beides sind Dokumente. Die Eintragungen im Bankbuch haben mittlerweile jeden Wert verloren, die Notizen im Tagebuch hoffentlich nicht.

Der vorliegende Band enthält die Aufzeichnungen aus ungefähr der ersten Hälfte des Jahres 1945. Es waren, wie man aus der Großen Chronik weiß, bewegte Monate. Das Dritte Reich brach zusammen. Die Sieger bestanden einmütig auf der bedingungslosen Kapitulation. Deutschland wurde in vier Besatzungszonen aufgeteilt und militärisch verwaltet. Seuchen und Bürgerkrieg konnten vermieden werden. Ruhe hieß die erste Bürgerpflicht. Am Leben bleiben hieß die zweite. Der erschöpften Bevölkerung war beides recht. Sie ließ sich regieren, und sie wurde, da der Zivilverkehr stillag, punktuell regiert. Die Methode war handlich. Da sie sich anbot, brauchte man sie nicht zu erfinden. Mit der Konstruktion und Rekonstruktion der Linien zwischen den Punkten hatte man's nicht eilig.

Im Wirrwarr jenes Halbjahres bewegte ich mich von Berlin über Tirol nach Bayern. Das Land glich einem zerstörten Ameisenhaufen, und ich war eine Ameise unter Millionen anderer, die im Zickzack durcheinanderliefen. Ich war eine Ameise, die Tagebuch führte. Ich notierte, was ich im Laufen sah und hörte. Ich ignorierte, was ich hoffte und befürchtete, während ich mich totstellte. Ich notierte nicht alles, was ich damals erlebte. Das versteht sich. Doch alles, was ich damals notierte, habe ich erlebt. Es sind Beobachtungen aus der Perspektive einer denkenden Ameise. Und es sind Notizen, die zum Teil nur aus Stichworten, halben Sätzen und Anspielungen bestehen. Das genügte, weil die Niederschrift nur für mich bestimmt war, nur als Zündstoff fürs eigene Gedächtnis.

Als ich nun, fünfzehn Jahre danach, ans Veröffentlichen dachte, an Leser außer mir selber, mußte ich den Wortlaut ergänzen. Meine Aufgabe war, die Notizen behutsam auseinanderzufalten. Ich mußte nicht nur die Stenographie, sondern auch die unsichtbare Schrift leserlich machen. Ich mußte dechiffrieren. Ich mußte das Original angreifen, ohne dessen Authentizität anzutasten. Es war eine mühsame Beschäftigung, eher die eines Konservators als eines Schriftstellers, und ich habe sie so gewissenhaft durchgeführt, wie ich es vermochte. Ich habe den Text geändert, doch am Inhalt kein Jota.

Deshalb ist das vorliegende Buch, was sonst es auch sein oder nicht sein mag, nach wie vor ein Dokument. Es ist das Journal geblieben, das es war. Auch die Irrtümer habe ich sorgfältig konserviert, auch die falschen Gerüchte, auch die Fehldiagnosen. Ich wußte nicht, was ich heute weiß. Was wahr schien, konnte Lüge, und was Lüge schien, konnte wahr sein. Man durfte den Ohren nicht trauen, und noch der Augenschein trog. Man zog Schlußfolgerungen aus Tatsachen, die womöglich keine waren. Man interpolierte Ereignisse, die am Ende gar nicht stattgefunden hatten. Manche Sorge war überflüssig, und manche Hoffnung erst recht. Ich habe nicht daran gerührt. Denn ich bin nicht vom Verschönerungsverein. Vom Selbstverschönerungsverein schon gar nicht. Ich bin kein Feldmarschall, der aus Tagebüchern ein

Plädoyer macht, und kein Staatsmann, der Tagebuchblätter in Lorbeerblätter verwandelt. Ein Tagebuch ohne Fehler und Falsches wäre kein Tagebuch, sondern eine Fälschung. Ich bin auch der Versuchung nicht erlegen, mein Journal mit einem Kunstkalender zu verwechseln. Je mehr ein Tagebuch ein Kunstwerk sein möchte, umso weniger bleibt es ein Tagebuch. Kunstgriffe wären verbotene Eingriffe. Wer notiert, was ihm widerfährt, darf keinen anderen Ehrgeiz haben als den, der eigne Buchhalter zu sein. Mehr wäre zu wenig.

›Zündstoff fürs eigene Gedächtnis‹ sollten die Notizen sein, Material für ein bengalisches Feuerwerk, das ich eines Tages abbrennen würde, ein höllisches Feuerwerk, weithin und lange sichtbar, mit Donnerschlägen und blutigen Zeichen am Himmel und dem aufs Rad, aufs kreisende Flammenrad geflochtenen Menschen. Mit anderen Worten, ich dachte an einen großen Roman. Aber ich habe ihn nicht geschrieben.

Ich kapitulierte aus zwei Gründen. Ich merkte, daß ich es nicht konnte. Und ich merkte, daß ich's nicht wollte. Wer daraus schlösse, ich hätte es nicht gewollt, nur weil ich es nicht konnte, der würde sich's leichter machen, als ich es mir gemacht habe. So simpel liegt der Fall nicht. An meinem Unvermögen, den Roman der Jahre 1933 bis 1945 zu schreiben, zweifelte ich sehr viel früher als an der Möglichkeit, daß er überhaupt zu schreiben sei. Doch auch diesen grundsätzlichen Zweifel hege ich nicht erst seit gestern.

Das Tausendjährige Reich hat nicht das Zeug zum großen Roman. Es taugt nicht zur großen Form, weder für eine ›Comédie humaine‹ noch für eine ›Comédie inhumaine‹. Man kann eine zwölf Jahre lang anschwellende Millionenliste von Opfern und Henkern architektonisch nicht gliedern. Man kann Statistik nicht komponieren. Wer es unternähme, brächte keinen großen Roman zustande, sondern ein unter künstlerischen Gesichtspunkten angeordnetes, also deformiertes blutiges Adreßbuch, voll erfundener Adressen und falscher Namen.

Meine Skepsis gilt dem umfassenden Versuch, dem kolossalen Zeitgemälde, nicht dem epischen oder dramatischen Segment, den kleinen Bildern aus dem großen Bild. Sie sind möglich, und es gibt sie. Doch auch hier steht Kunst, die sich breitmacht, dem Ziel im Weg. Das Ziel liegt hinter unserem Rücken, wie Sodom und Gomorrha, als Lots Weib sich umwandte. Wir müssen zurückblicken, ohne zu erstarren. Wir müssen der Vergangenheit ins Gesicht sehen. Es ist ein Medusengesicht, und wir sind ein vergeßliches Volk. Kunst? Medusen schminkt man nicht.

Die Nation müsse die Vergangenheit bewältigen, heißt es. Wir sollen bewältigen, was wir vergessen haben? Das klingt nach leerer Predigt. Und die Jugend soll bewältigen, was sie nicht erlebt hat und nicht erfährt? Man sagt, sie erfahre es. Wenn nicht zu Hause, dann in der Schule. Die Lehrer, sagt man, schreckten vor dem schlimmen Thema nicht zurück, wenn auch nur die politisch unbescholtenen. Die Zurückhaltung der anderen, hat einer unserer Kultusminister gesagt, sei begreiflich. Aber bedenklich, hat er gesagt, sei das nicht. Denn sie träten demnächst, soweit sie vorher nicht stürben, in den Ruhestand. Und dann stünden weder sie noch sonst ein Hindernis dem regulären Unterricht in Zeitgeschichte im Weg. Weil ihre Nachfolger zu Hitlers Lebzeiten noch kleine Kinder gewesen und schon deshalb unbescholten seien. Hat er gesagt. Wie sie, ohne selber angemessen unterrichtet worden zu sein, die nächste Generation angemessen unterrichten sollen, das hat er nicht gesagt.

Was nicht gut ist, hat einen Vorzug: Es kann besser werden. Die Historiker sind nicht müßig. Die Dokumente werden gesammelt und ausgewertet. Das Gesamtbild wird für den Rückblick freigelegt. Bald kann die Vergangenheit besichtigt werden. Auch von Schulklassen. Man wird zeigen und sehen können, wie es gekommen und gewesen ist. Doch das Lesen in der großen, in der Großen Chronik darf nicht alles sein. Sie nennt Zahlen und zieht Bilanzen, das ist ihre Aufgabe. Sie verbürgt die Zahlen und verbirgt den Menschen, das ist ihre Grenze. Sie meldet, was im großen ganzen geschah. Doch dieses Ganze ist nur die Hälfte.

Lebten und starben denn Zahlen? Waren die Reihen jüdischer Mütter, die ihre weinenden Kinder trösteten, während man sie auf polnischen Marktplätzen in deutsche Maschinengewehre trieb, Zahlenketten? Und war der SS-Scharführer, den man danach ins Irrenhaus bringen mußte, eine Ziffer?

Die Menschen wurden wie vielstellige Zahlen auf die schwarze Tafel geschrieben und, Schwamm darüber, ausgelöscht. In der Großen Chronik ist für sie alle Platz, doch nur für alle miteinander. Der Einzelne kommt darin nicht vor. Er hat hier so wenig zu suchen wie auf dem Schulglobus meine kleine Tanne hinterm Haus. Man findet ihn in anderen Büchern. Wer in sie hineinblickt, starrt durch kein Teleskop, in kein Mikroskop und auf keinen Röntgenschirm. Das bloße Auge genügt. Bruchteile der Vergangenheit zeigen sich im Maßstab 1:1. Sie wird anschaulich. Der Mensch wird sichtbar. Er erscheint in natürlicher Größe. Er wirkt nicht sonderlich groß? Nein. Nicht einmal aus der Nähe. Gerade aus der Nähe nicht.

Tagebücher präsentieren gewesenes Präsens. Nicht als Bestandsaufnahme, sondern in Momentaufnahmen. Nicht im Überblick, sondern durch Einblicke. Tagebücher enthalten Anschauungsmaterial, Amateurfotos in Notizformat, Szenen, die der Zufall arrangierte, Schnappschüsse aus der Vergangenheit, als sie noch Gegenwart hieß.

Jene Vergangenheit, die unbewältigte, gleicht einem ruhelosen Gespenst, das durch unsere Tage und Träume irrt und, nach uraltem Geisterbrauch, darauf wartet, daß wir es anblicken, anreden und anhören. Daß wir, zu Tode erschrocken, die Schlafmütze über die Augen und Ohren ziehen, hilft nichts. Es ist die falsche Methode. Sie hilft weder dem Gespenst noch uns. Es bleibt uns nicht erspart, ihm ins Gesicht zu sehen und zu sagen: »Sprich!« Die Vergangenheit muß reden, und wir müssen zuhören. Vorher werden wir und sie keine Ruhe finden.

In dem Regal, wo meine Tagebücher aus jener Zeit stehen, ist noch Platz. Ich stelle mein Buch neben die andern.

Frühjahr 1961   Erich Kästner

Berlin
7. Februar bis 9. März

Aus der Chronik

4. bis 11. Februar	Konferenz in Jalta zwischen Roosevelt, Stalin und Churchill. Zitat aus der Schlußerklärung: ›Wir sind entschlossen, den deutschen Generalstab ein für allemal zu zerschlagen, der immer wieder Mittel und Wege zur Wiedererstarkung des deutschen Militarismus gefunden hat... Erst nach der Ausrottung des Nazitums und des Militarismus wird Hoffnung auf ein anständiges Leben für Deutsche bestehen und auf einen Platz für sie in der Gemeinschaft der Nationen.‹
13. Februar	Zerstörung Dresdens durch amerikanische und englische Bombenflugzeuge. Budapest kapituliert vor der russischen Armee.
17. Februar	Großer Luftangriff auf Tokio.
21. Februar	Beginn der Interamerikanischen Konferenz in Mexiko City. Die USA schlagen für Nord- und Südamerika eine gemeinsame Wirtschaftscharta vor.
23. Februar	Die Türkei erklärt Deutschland den Krieg.
5. März	Die deutsche Wehrmacht zieht den Jahrgang 1929, die Sechzehnjährigen, ein.

7. März Die Amerikaner überschreiten bei Remagen den Rhein.

8. März Tito wird mit der jugoslawischen Regierungsbildung beauftragt.

Berlin, 7. Februar 1945

Wir waren wieder ein paar Tage in L. an der Havel, und es ging, wie fast jedesmal, hoch her. Textilkaufleuten verwehrt das Schicksal, Not zu leiden. Da hilft kein Sträuben. Man trägt ihnen, nach Einbruch der Dunkelheit, das Notwendige samt dem Überflüssigen korbweise ins Haus. Man drängt ihnen auf, was es nicht gibt. Bei Nacht kommen nicht nur die Diebe, sondern auch die Lieferanten. Sie bringen Butter, Kaffee und Kognak, weiße Semmeln und Würste, Sekt und Wein und Schweinebraten, und sie brächten den Kreisleiter der NSDAP, wenn er eßbar wäre. Karl honoriert soviel Mannesmut und Hilfsbereitschaft mit Kostüm- und Anzugstoffen, und dann ruft er, vom Berliner Geschäft aus, ein Dutzend Freunde und Bekannte an. »Kommt doch am Sonntag für eine halbe Woche aufs Land! Abgemacht? Wir freuen uns!«

Der Gastgeber freut sich. Die Gäste freuen sich. Die Freude ist allgemein. Man lacht und tafelt in einem Landhaus an der Havel, und die russischen Panzer stehen, bei Frankfurt und Küstrin, an der Oder. Man trinkt Sekt und tanzt, und noch gestern saßen wir, in Charlottenburg und Wilmersdorf, im Keller, während zwölfhundert Flugzeuge ihre Bomben ausklinkten. Man raucht Importen und pokert, und ringsum ziehen die

Trecks, auf der Flucht aus dem Osten, ins Ungewisse. Man verkleidet und maskiert sich und improvisiert Kabarettszenen, und nicht weit von hier, in Brandenburg und Oranienburg, beginnen die Häftlinge zu hoffen und die Lagerkommandanten zu zittern. Manchmal treten wir, noch halbmaskiert und mit vollen Gläsern in der Hand, aus dem Haus ins Dunkel und betrachten, gegen Potsdam hin, die langsam und lautlos sinkenden feindlichen Leuchtkugeln und glitzernden Christbäume. Neulich sagte ich, als wir so am Ufer standen: »Es ist, als komme man ins Kino, und der Film habe, schon angefangen.« Da ließ eine Frau die Taschenlampe kurz aufblitzen und fragte geschäftig: »Darf ich, bitte, Ihre Eintrittskarten sehen? Was haben Sie für Plätze?« »Natürlich Loge«, antwortete Karl, »Mittel-Loge, erste Reihe!«

Man tafelt, lacht, tanzt, pokert, schäkert, verkleidet und enthüllt sich und weiß, daß das Schiff sinkt. Niemand macht sich Illusionen. Die nächste Woge spült ihn selber über Bord. Und keiner hat Mitleid. Ertrinkende schreien um Hilfe? »Kann dir die Hand nicht geben, derweil ich eben tanz!« Die Lust ist zäher als das Gewissen. Wenn das Schiff sinkt, fällt der Katechismus ins Wasser. Polarforscher, heißt es, seien notfalls imstande, wissenschaftliche Mitarbeiter zu verzehren. Schlechte Zeiten, schlechte Manieren.

Als Lotte und ich in Nauen auf den Zug warteten, sprach uns eine Frau an, die mit ihrem Kind aus Gnesen geflüchtet war. Niemand hatte die russische Vorhut so bald erwartet. Man fand nicht einmal Zeit, die mit Sprengkapseln wohlversehene Brücke in die Luft zu jagen. Der erste Zug, den man Hals über Kopf für den Rücktransport zusammenstellte, war für die Angehörigen der Eisenbahner reserviert, und nur, weil im Zug noch Platz blieb, durften, wie die Frau sich ausdrückte, ›auch noch Zivilisten‹ hinein. Sie bedauerte, daß sie das neue Speisezimmer, den Staubsauger, die Nähmaschine und die Kiste mit den guten Kleidern hatte zurücklassen müssen, war aber recht gefaßt. Wie man ja überhaupt die Gottergebenheit solcher Menschen bestaunen muß, die doch an ihren Siebensachen viel inniger hängen als unsereins. Ameisen können nicht gefaßter sein, wenn ihr Bau mit einem Spazierstock zerstört wird.

Eine Frau, die wir neulich sprachen, war mit einem Kriegsschiff aus Königsberg nach Kolberg transportiert worden. Zwölf Stunden hatten sie erst einmal im Hafen warten müssen, kranke Frauen, schwangere Frauen, Frauen mit sechs und noch mehr Kindern. Und unterwegs hatte es, außer der Ostsee, keinen Tropfen Wasser gegeben, weder zum Waschen noch zum Trinken. Vormärsche lassen sich, scheint es, exakter vorbereiten und durchführen als Rückzüge. Außerdem handelt es sich wohl auch um zwei grundverschiedene Talente. Immer wieder hört man von erfrorenen Kindern, die von verzweifelten Müttern aus ungeheizten Güterzügen geworfen werden mußten.

Zur selben Zeit bedient sich die um die deutsche Jugend besorgte Obrigkeit auch anderer Methoden. So berichtete Willi Schaeffers von einer Bekannten, einer ehemaligen Tänzerin, der, weil sie nicht ›erziehungswürdig‹ sei, die fünfjährige Tochter weggenommen worden ist. Die junge Frau empfange, obwohl verheiratet, Herrenbesuche. Die Mutter tobte, riß die von einem Hilfspolizisten eskortierte Parteimatrone an den Haaren und schrie das Haus zusammen. Ihr Kind habe zu essen und schlafe warm, während Zehntausende anderer Kinder verhungerten und erfrören! Der Polizist tat, was er konnte, um die Schreiende zu überzeugen, daß sie nicht das Mindeste erreichen, sondern sich selber, außer sie gebe nach, in ernsthafte Schwierigkeiten bringen werde. So wurde das Kind, das gleichfalls schrie, vor der sündigen Mutter gerettet. Sie weiß, daß die Russen vor Berlin stehen. Wo ihr Kind ist, weiß sie nicht.

Noch einige Worte über Textilien en gros. Karl möchte mithilfe der Potsdamer Kreisleitung einen Lastwagenzug organisieren, um, im Interesse des Reichs, mehrere tausend Anzüge sowie sich und seine Frau zu verlagern. Die Parteistellen sind ihm gewogen. Denn er hat eine als Overall zugeschnittene und deshalb auch für schlechtes Wetter vorzüglich geeignete Volkssturm-Uniform ersonnen, und mit schlechtem Wetter müssen weitblickende Instanzen schließlich rechnen. Er hat uns ein Modell seines Overalls vorgeführt. Wir haben sehr gelacht. Er lachte am herzlichsten.

Die rechtzeitige Rückführung jener ansehnlichen Warenbestände, die, wegen ihrer Gefährdung durch den Luftkrieg über Westdeutschland, vorsorglich nach dem Osten, z. B. nach Posen und Lietzmannstadt, evakuiert wurden, braucht den Grossisten, und gewiß nicht nur denen der Textilbranche, kein Kopfzerbrechen mehr zu machen. Die Wirtschaft kann die Bestände in den Schornstein schreiben. Bevor die Reichsstelle die Wagenzahl, das Benzin und den Transport bewilligt hat, hat die Ware den Besitzer gewechselt. Ein Zwanzigtonner, den Kurt, Karls Kompagnon, mit allen erforderlichen Papieren endlich in Richtung Küstrin losschicken durfte, wurde von russischen Panzerspitzen kassiert. Den Fahrern nahm man die Ringe und Uhren ab. Dann ließ man sie laufen. Nach einem hundertvierzig Kilometer langen Geländemarsch erstatteten sie im Berliner Büro Bericht, genauer gesagt, im Luftschutzkeller. Die Chefs lauschten teils dem Bericht, teils den Bombeneinschlägen und zuckten über beides die Achseln.

Auch der Einfluß großer Kaufleute, die von Skrupeln nicht geplagt werden, hat seine Grenzen. Sie brächten es vielleicht zuwege, vormittags in Potsdam und nachmittags mit einem Sowjetkommissar einträgliche Geschäfte zu besprechen. Sie fänden wohl auch nichts dabei, ihre Frauen mitzubringen und sich während der Fahrt ein rotes Halstuch umzubinden. Und sie hätten womöglich hier wie dort Erfolg. Aber an Bratkartoffeln kann, wenn das Schicksal es will, ihre Macht rettungslos scheitern. Wie vorgestern abend in L., als wir essen wollten. Im Laufe von vier Stunden wurde mindestens achtmal der elektrische Strom abgeschaltet. Er gab, in den Beleuchtungskörpern und Herdplatten, immer nur für ein paar Minuten Gastspiele. Die Wirtschafterin kämpfte in der Küche wie ein Löwe. Doch sie brachte die heißersehnten und heiß ersehnten Bratkartoffeln trotzdem nicht zustande. Schließlich resignierte die hungrige Gemeinde und fraß den kalten Braten, den Spickaal, die Sülzkoteletts, den Schinken, die geräucherte Wurst und die halbe Gans, bei Kerzenlicht, mit nichts als Brot und Butter. Als wir sattwaren, sagte Fritz, der Kameramann, zu Karl: »Vielleicht hätte der Herd funktioniert, wenn du ihm einen Anzug aus Kammgarn versprochen hättest!« »Dem eignen Herd?« fragte Karl. »Geht das nicht ein bißchen weit? Doch meinetwegen. Das nächste Mal probier ich's.«

Morgens gegen vier Uhr, als das Elektrizitätswerk mit dem Strom nicht mehr knauserte, saß ich allein im

Wohnzimmer, blätterte in allerlei Zeitungen und fand hierbei, in der ›Textilzeitung‹ vom 27. Januar 1945, auf der ersten und zweiten Seite eine offensichtlich höchst aktuelle Mitteilung der ›Wirtschaftsgruppe Bekleidungsindustrie‹ über das Thema ›Bewirtschaftung der Nähmaschinennadeln‹. Daraus ging hervor, daß ›die Auftragslenkungsstelle Nähmaschinennadeln Ichtershausen (Thüringen), in deren Händen die Versorgung der deutschen Industrie mit Nähmaschinennadeln liegt, mit der Bewirtschaftung der Nähmaschinennadeln unter Einführung der R.T.E.-Schecks die Produktionshauptausschüsse betraut‹ hat. ›Der Produktionshauptausschuß für Bekleidung und Rauchwaren gibt nunmehr seinerseits Richtlinien für die Nadelversorgung seines Bereiches bekannt‹, heißt es weiter. Und ich hielt es für verdienstlich, einige Stellen der Verlautbarung abzuschreiben. Eines schönen Tages wird man sich der organisatorischen Leistungen der deutschen Gründlichkeit, kurz vorm Zusammenbruch des Dritten Reichs, auch auf dem Gebiete der Nähmaschinennadeln erinnern wollen, und dann fehlt es womöglich an Unterlagen! Natürlich kann auch mein Stenogramm verbrennen. Man lebt in riskanten Zeiten. Verbrennen ist menschlich. Trotzdem habe ich mir die kleine Mühe gemacht. Also:

›Ab 1. Februar 1945 wird die Bedarfsprüfung für den Nähmaschinennadelbedarf der Mitglieder des Produktionsausschusses... für die deutschen Industriebetriebe in die Hände der jeweils zuständigen Bezirksgruppen bzw. Bezirksproduktionsausschüsse gelegt. Für die deutschen Handwerksbetriebe erledigt die Bedarfsprüfung der Reichsinnungsverband des Bekleidungshandwerks. Für die Bekleidungsbetriebe einschließlich des Handwerks im Protektorat ist der Produktionsausschuß Bekleidung und Rauchwaren in Prag beauftragt.‹ Nachdem den ›Bedarfsanforderern‹ anhand eines Beispiels die richtige Verwendung eines neuen ›Formblattschemas‹ erläutert worden ist, wird ihnen aufs umständlichste eingeschärft, daß Betriebe, die keine Produktionsstatistiken einreichen, keine neuen Nähmaschinennadeln kriegen und daß Zwischenmeister und Heimarbeiterbetriebe nicht direkt, sondern über ihre Auftraggeber mit Nadeln versorgt werden. Auch sonst zeigt man sich für Neuerungen recht aufgeschlossen. ›Um die Nadelfabrikation ebenso wie alle anderen Fertigungen entsprechend zu rationalisieren, ist es notwendig, die einzelnen bis in die Tausende gehenden verschiedenen Nadelsysteme zu normen bzw. zu vereinfachen und zu vereinheitlichen, denn es hat sich gezeigt, daß vielfach ein und dieselbe Nadel nur dadurch ein anderes System wurde, weil sie entsprechend der Maschinenklasse des Verkäufers oder Herstellers eine andere Systembezeichnung erhalten hat... Damit tritt die Nähmaschinennadel-Versorgung nun wieder in ein normales Stadium ein. Trotzdem müssen wir darauf hinweisen, daß die Anordnung XV/44 des Produktionsbeauftragten für Bekleidung und Rauchwaren des Reichsministers für Rüstung und Kriegsproduktion vom 1. November 1944 noch nicht aufgehoben ist. Die Bestände gelten auch weiterhin noch als beschlagnahmt.‹

Nun folgt, über vier Spalten, die Aufzählung von Kleidungsstücken, von der ›Reithose mit Tuchbesatz mit abgestepptem Knie‹ bis zur ›Fl.-HJ.-Überfallhose‹, von ›Backfischröcken, Mehrbahnenrock‹ bis zum ›Schlüpfer mit offenem Bein‹, vom ›Unterkleid mit Vollachsel‹ bis zum ›Büstenmieder‹, vom ›Kesselanzug, DIN 61 502‹ bis zum ›Erstlingshemdchen‹ und zur ›Lederlatzhose‹, und nach jedem Gegenstand ist, in fünf Zahlenkolonnen, der ausreichende ›Nähmaschinennadelverbrauch bei Fertigung von 1000 Stück des jeweiligen Artikels‹ angegeben.

Der letzte Abschnitt erteilt Ratschläge für die ›Nähmaschinennadelreparatur‹, denn ›Versuche haben gezeigt, daß etwa 30 bis 50% der als unbrauchbar bezeichneten Nadeln durch kleine Reparaturen wieder in Gebrauch genommen werden konnten‹. Ob Nadeln stumpf sind oder nur für stumpf gehalten werden, läßt sich leicht feststellen. ›Man fasse mit der rechten Hand an den Kolben und fahre mit dem Daumen- und Zeigefingernagel der linken Hand vom Kolben der Nadel zur Spitze!‹ Auch das Zuspitzen stumpfer Nadeln kann die ›vernähende Industrie‹ selbst durchführen. Hingegen ist die Diagnose, ob Nadeln krumm sind oder nicht, alles andere als einfach, und die Therapie ist erst recht eine Sache für sich. ›Die krummen Nadeln auszurichten, soll man dem Fachmann überlassen, d. h. sie sind zu sammeln und der Auftragslenkungsstelle Nadeln, Abteilung Reparatur, Ichtershausen (Thür.), einzusenden.‹

Nachdem ich diese Auslassungen über ›das Nadelproblem‹ notiert hatte, schloß ich vorübergehend die Augen und malte mir aus, was aus Karl wohl geworden wäre, wenn er die ›Textilzeitung‹, statt sie nur zu abonnieren, in den letzten Jahren tatsächlich gelesen hätte! Und weil sich bei geschlossenen Augen, außer man schläft, das Gehör schärft, merkte ich, daß jemand in der Küche hantierte. Ich schlich auf Zehenspitzen in den Flur. Es war kein Einbrecher, sondern ein Fräulein im Nachthemd. Sie stand am Eisschrank und kaute Schinken. Sie war zum ersten Mal in L., Georg hatte sie mitgebracht, und schon beim Abendbrot war uns ihr vorzüglicher Appetit aufgefallen. Sie schloß den Eisschrank und schritt, kauend und leichtfüßig und ohne mich zu bemerken, den Korridor entlang. Das Zimmer, worin sie verschwand, war ganz und gar nicht Georgs Zimmer. Nun, wer zum ersten Mal in einem fremden Haus übernachtet, kann sich, es wäre nicht das erste Mal, in der Tür irren.

An verkehrswichtigen Kreuzungen, z. B. Ecke Wilmersdorfer Straße und Kurfürstendamm, hat man, zunächst unter Aussparung der Straßenbahngleise, Panzersperren errichtet. Panzersperren? Man hat ausrangierte Lieferwagen und alte ausgeschlachtete Autos an die Kreuzungen geschleppt, dort umgestürzt und sonstiges Alteisen und verbeultes Blech dazwischengeworfen. Glaubt man im Ernst, mit solchen Schrott- und Müllhaufen die russischen Panzer auch nur eine Minute aufhalten zu können? Wenn man wenigstens ein paar Kisten krummer Nähmaschinennadeln aus der Reparaturwerkstatt Ichtershausen (Thür.) dazulegte! Das wäre immerhin eine originelle Methode, krumme Nadeln wieder ›auszurichten‹!
Wer solche blechernen Misthaufen für Panzersperren hält und sie aus diesem Grund ›erstellen‹ läßt, muß schwachsinnig sein. Und wer meinen sollte, es sei immer noch klüger, das Dümmste zu tun als überhaupt nichts, der möge sich für einige Minuten an eine dieser Kreuzungen begeben und die Gesichter der Berliner mustern! Die Bevölkerung vermutet, daß man sie auf den Arm nimmt. Sie hat sich damit abgefunden, daß es Tag und Tag Bomben regnet, ohne jede Gegenwehr, und daß die fremden Geschwader, auch tagsüber und bei blauem Himmel, in Paradeformation daherkommen. Man reißt blutige Witze. Roosevelt und Hitler, sagt man, hätten die für den Rest des Kriegs verbindliche Übereinkunft getroffen, daß jener die Flugzeuge und

dieser den Luftraum zur Verfügung stelle. Doch angesichts der Panzersperren versagt sogar der Galgenhumor.

Am Sonnabend, erzählt man, sei das Schloß ausgebrannt. Die Staatsoper habe schwer einstecken müssen. Die Hotels ›Excelsior‹ und ›Fürstenhof‹, mehrere Bahnhöfe und die ›Tobis‹ in der Friedrichstraße sollen getroffen worden sein. Und noch eins: Freisler sei beim Verlassen des Adlon-Bunkers umgekommen, den er zu früh verlassen hatte.

Wollte er rasch ein Dutzend Todesurteile unterschreiben? Warum hatte er es so eilig?

Mitunter bin ich mir wegen der Ausflüge nach L., diesen Abstechern ins Schlaraffenland, nicht ganz grün, sondern fast ein wenig suspekt. Was irritiert mich? Was an meinem Behagen behagt mir nicht? Oder stört es mich, daß ich die anderen stören könnte? Empfinden sie die Handbreit Ironie, die mich von ihrem märkischen Karneval trennt, als Arroganz? Hält man mich für einen Spielverderber? Das täte mir leid, und es träfe nicht zu. Ich habe oft genug in Milieus hospitiert, an denen gemessen das fidele Haus an der Havel ein Kindergarten ist. Und daß das abgedunkelte Haus nicht nur an der Havel, sondern dicht am Abgrund steht, steigert die Temperatur des Übermuts. Die Lebenslust wird fiebrig. Der Zustand ist plausibel.

Mein Unbehagen stammt aus einer anderen Ecke. Daß ich lustige Leute unter die Lupe nehme, während ich mit ihnen lache, mag hingehen. Dergleichen gehört zum Beruf. Schriftsteller sind neugierig. Aber ich hospitiere in dem mir fremden Milieu nicht auf eigne Kosten. Ich studiere nicht nur, wie eine Branche, die mir fernliegt, eine Diktatur nach besten Kräften zum Narren hält, sondern ich esse mich dabei satt. Ich bin ein Mitesser. Ich gehöre zu Karls Nepoten. Ich kann seine Großzügigkeit nicht erwidern. Nicht mit dem kleinsten Geschenk. Denn ich habe nichts. Das wurmt mich. Ich könnte ihm das nächste Mal, von meiner Lebensmittelkarte, einen Abschnitt über 100 g Nährmittel mitbringen. Oder die Schlüssel zu meiner Wohnung, die vor einem Jahr verbrannt ist. Das könnte ich tun. Aber er verstünde es nicht. Das Allereinfachste wäre, ich ließe mich so gern beschenken, wie er schenkt. Aber ich bring's nicht zuwege. Was sträubt sich in mir? Der Hochmut des Kleinbürgers.

Heute mittag dementierte der Deutschlandsender die englische Rundfunkmeldung, daß Goebbels ›im Alpenland weile‹. Daß man die Nachricht sofort dementiert, ist aufschlußreicher als ihre Richtigkeit oder Unrichtigkeit. Man ist um den ›Frontgeist‹ der Berliner besorgt.

Berlin, 8. Februar 1945

Gestern gingen wir an zwei Frauen vorüber, deren eine gerade sagte: »Da bleibt ihnen nur noch Japan übrig!« Mehr konnten wir nicht verstehen und verstanden trotzdem, wovon die Rede war. Denn das Gerücht, die Reichsregierung plane, im äußersten Fall, eine ›Ausweichaktion‹ mit einem Transportflugzeug vom Baumuster ›Gigant‹, kursiert seit Monaten und dient den Leuten immer wieder als Gesprächsstoff.

Daß Roland Freisler ›dem Luftterror zum Opfer gefallen‹ sei, hat sich bestätigt. Andere Parteigrößen fallen ohne ›Feindeinwirkung‹. Hanke, der schlesische Gauleiter, hat Breslaus zweiten Bürgermeister wegen Feigheit öffentlich hinrichten lassen, und Himmler, mit der gleichen Begründung, den Polizeipräsidenten von Bromberg, der, wie in der Meldung ausdrücklich vermerkt wurde, ein hoher SS-Offizier gewesen sei. Einige seiner Mitarbeiter habe man degradiert und in Bewährungsbataillone gesteckt. Die Ersten hängen die Zweiten. Das ist die vorletzte Maßnahme. Wer vollzieht die letzte? Wer hängt die Ersten?

Charly berichtete, wie skurril es in Konstanz zugehe. Alle Hotels seien mit Parteigrößen und deren Angehörigen vollgestopft. Konstanz, das auf deutschem, und Kreuzlingen, das auf Schweizer Boden liegt, sind im Grunde, freilich durch die scharfbewachte Grenze halbiert, eine einzige Ortschaft. Die eine Hälfte liegt nachts im Licht, die andre in tiefem Dunkel. Die Hotelgäste starren gebannt hinüber. Worauf hoffen sie? Daß, wenn es soweit sein wird, die Schweizer Soldaten vor ihnen das Gewehr präsentieren und die Kreuzlinger Hoteldiener nach den braunen Koffern greifen?

Helmuth Krüger, der glänzende Kabarettist, hat es satt, in den Rundfunkbüros noch länger zu antichambrieren. Man findet keine Beschäftigung für ihn, und er bezweifelt, daß man überhaupt danach gesucht hat. Nun will er an den Chiemsee zurück, wo er seit einiger Zeit lebt. Er wirkt dort, in dem Ort Übersee, als Nachtwächter. So verschieden der alte und der neue Beruf sein mögen, so haben sie doch eine gemeinsame Voraussetzung: die Fähigkeit, nachts wachzubleiben. Das kann er. Insofern ist er kein ungelernter Nachtwächter, sondern einer mit Vorkenntnissen. Außerdem will er fort, um nicht noch nicht noch in letzter Minute in den Berliner Volkssturm zu geraten. Denn er ist Balte. Das könnte zwischen den russischen Kommissaren und dem Volkssturmmann Krüger zu irreparablen Mißverständnissen führen. Er hat gar nicht so unrecht. Als ich vorhin zum Kriegsschädenamt in die Niebuhrstraße ging, übte der Volkssturm, unter Benutzung der Bäume in der Sybelstraße, das Legen von Telefonleitungen.

Auch das Kriegsschädenamt trägt dem Ernst der Stunde Rechnung. Den Vorschuß für Hausratsschäden kann ich erst morgen abholen, weil der Sachbearbeiter heute zum Schanzen beordert worden ist. Und auch der Sachbearbeiter der Abteilung ›Gewerbeschaden‹ hat sich von seinen Akten trennen müssen. Der Volkssturm hat ihn eingezogen. Der stellvertretende Dezernent lehnte Zahlungen ab, bis die Schrifttumskammer meine ›Schadensaufstellung‹ geprüft habe. Er zeigte mir den Zwischenbescheid der Kammer. Dieses Schreiben war vom 14. Dezember 1944 datiert und in der Niebuhrstraße am 4. Januar 1945 eingetroffen. Demnach hat der Brief von Amt zu Amt, noch dazu innerhalb Berlins, drei Wochen Reisezeit benötigt. Das ist respektabel. Meine Frage, ob sogar die Brieftauben beim Volkssturm dienten, gefiel dem Dezernenten des Sachbearbeiters der Abteilung ›Gewerbeschaden‹ beim Kriegsschädenamt nicht sonderlich.

Später rief ich bei der Schrifttumskammer an. Ich erfuhr, daß ein Schreiben an mich unterwegs sei. Falls es in den nächsten Tagen nicht komme, möge ich doch persönlich vorsprechen. Auch hier stellte ich eine offenbar ungeschickte Frage. Ich erkundigte mich, wo sich denn die Schrifttumskammer befinde. Der Herr am andern Ende des Drahts brauchte einige Zeit, bis er sich ausgewundert hatte und die Adresse nannte.

Berlin, 9. Februar 1945

Eben haben wir wieder anderthalb Stunden ohne Licht verbracht. Mit dem Licht meldete sich auch der Rundfunk wieder. Ab jetzt, gab die Gauleitung bekannt, würden viele Fabriken nicht mehr tagsüber, sondern nachts arbeiten. Die Umstellung helfe Strom sparen. Wieso? fragt man sich als Laie und ventiliert folgende laienhafte Vermutung: Solange die Fabriken bei Tag arbeiten, litten auch sie unter der wachsenden Stromverkürzung, die eigentlich nur dem deutschen Familienleben zugemutet werden sollte und konnte. Die Neuregelung nimmt auf die Produktionsziffern der Industrie Rücksicht. Andere Überlegungen hält man für unzeitgemäß. Die Arbeiter zögen die bisherige Lebensweise vor? Sie liefen lieber nachts mit Frau und Kind in den Luftschutzkeller als am hellichten Tag allein, während das Kind in der Schule sei und die Frau vor Läden Schlange stehe? Verspätete Gesichtspunkte. Die Transmissionsriemen sind wichtiger. Denn sie haben keine Angst. Vor nichts und niemandem.

Außerdem wurde die Bevölkerung, vom gleichen Rundfunksprecher, herzhaft aufgefordert, Deserteure aus dem Osten festzunehmen, diesen Schweinehunden mitleidslos entgegenzutreten und, in jedem Falle, neue Arbeitskräfte nur durchs zuständige Arbeitsamt zu beziehen.

Der Brief, von dem im gestrigen Telefonat mit der Reichsschrifttumskammer die Rede war, kam übrigens heute an. Er ist am 1. Februar abgeschickt worden. Man ersucht mich um nähere Angaben über ›Inhalt und Art‹ der vor einem Jahr infolge Totalschadens verbrannten Manuskripte.

Berlin, 12. Februar 1945

Der Greuelpropaganda, die seit Tagen forciert wird, ergeht es wie jeder heftigen Propaganda, der nicht widersprochen werden darf: Man widerspricht ihr. Da der weibliche Widerspruchsgeist sowieso lebhafter ist als der unsere, regt er sich bei Themen, ›von denen wir nichts verstehen‹, erst recht. Hierzu gehören die grassierenden Nachrichten über Vergewaltigungen. Die Frauen bezweifeln nicht etwa, daß dergleichen geschieht und, sehr bald, auch in Berlin geschehen könne. Aber sie merken gleichzeitig die pseudopatriotische Propaganda, die mit solchen Meldungen getrieben wird. Das bringt sie auf, und deshalb bestreiten sie rundweg die Wichtigkeit, die der Angelegenheit beigemessen wird. Der abgenötigte Geschlechtsakt, ob nun im Frieden oder im Krieg, ist und bleibt ein subkutaner Vorgang, und nicht der ärgste. Ein Bajonett im Leib ist schlimmer. So etwa wird hier und da argumentiert.

Die Friseuse, die neulich Lotte Dauerwellen legte, faßte ihre Ansicht über Wert und Rang des Mißbrauchtwerdens drastisch zusammen, als sie erklärte: »Lieber einen Russen auf dem Bauch als ein kaputtes Haus auf dem Kopf!« Und ich selber hörte gestern, wie sich zwei Frauen über eine Greuelnotiz unterhielten, wonach eine Bäuerin dreißigmal vergewaltigt worden und dabei gestorben war. So abscheulich die beiden die Untat fanden, sowenig leuchtete ihnen der Tod des armen Opfers ein. Sie erörterten den Fall wie zwei Chirurgen, die den letalen Ausgang einer Operation nicht auf den Eingriff, sondern auf undurchsichtige Begleitumstände zurückführen. Ihre Debatte verlief nicht weniger sachlich. Allerdings verzichteten sie völlig auf medizinische Fachausdrücke. Sie drückten sich so deutsch wie möglich aus.

Das sind nur zwei Beispiele, und andere Frauen werden ›in puncto puncti‹ nicht so nüchtern denken können. Zwei Beispiele sind es immerhin.

Da der Postverkehr mit der Schrifttumskammer, also zwischen der Sybel- und der Hardenbergstraße, soviel Zeit verbrauchte, als lägen die Straßen nicht im gleichen Charlottenburg, sondern in verschiedenen Erdteilen, machte ich einen kleinen Spaziergang und gab meinen Brief eigenhändig ab. Der junge Mann, der ihn entgegennahm und überflog, zeigte sich informiert, auch über die Ansicht seines gerade abwesenden Vorgesetzten, eines gewissen Dr. Buhl. Diese Ansicht hat den Vorzug, originell zu sein. Weil ich, für In- und Ausland, Publikationsverbot hätte, seien die zwei verbrannten Manuskripte, finanziell betrachtet, völlig wertlos. Deshalb sei mir kein gewerblicher Schaden erwachsen. Und deshalb hätte ich keine Ansprüche zu stellen. Ich erklärte, daß ich mich mit dieser Auffassung nicht abfinden könne und nicht abfinden lassen werde. Die Bewertung mit Null entspreche meinetwegen der augenblicklichen Marktlage, die sich aber schon morgen ändern könne. Doch auch das sei nicht entscheidend. Der Kurs meiner Papiere werde zwar zur Zeit an der literarischen Börse nicht notiert. Aber das habe nichts mit ihrem Werte zu tun. Er bestehe fort, auch wenn er vorübergehend ruhe. Er lasse sich, durch Vergleiche mit dem früheren Umsatz meiner Bücher, taxieren. Er sei, wenn auch nicht unschätzbar, so doch schätzbar. Und da er sich im Durchschnitt feststellen lasse, gelte das Gleiche für die Höhe des Verlustes. Der junge Mann zuckte die Achseln. Ich bat, mir die Auffassung der Kammer schriftlich mitzuteilen, da ich beabsichtigte, mich juristisch zu verwahren. Dann ging ich. (Es ist der bare Unsinn, sich mit den Leuten zu streiten. Sie und ich, jeder hat längst andere Sorgen. Le jeu est fait. Rien ne va plus.)

Am Renaissance-Theater war ein Pappschild angebracht: ›Übernachtungen hier nur noch bis 13. 2.‹ Demnach haben hier bis jetzt Flüchtlinge genächtigt. In den Theatern, Kinos und Turnhallen Dresdens hausen Zehntausende, wird erzählt.

Im ›Bardinet‹ berichtete Lissy von einem Bauern aus dem Osten, der ihr sein Herz ausgeschüttet hatte. Erst habe der Bauernführer strikt verboten, ihre Wagen fahrtfertig zu packen, und später habe er sie gezwungen, die Gehöfte innerhalb dreier Stunden zu verlassen. Ein paar Nächte darauf war der Bauer, mitten durch die russischen Linien, noch einmal ins Dorf zurückgeschlichen. Die Tiere in den Ställen hätten gebrüllt, daß er es nie mehr vergessen könne.

Wieder sind zwei Bürgermeister öffentlich aufgehängt worden. In Königsberg und in Neumark. Die Exekutionen erinnern mich an den 30. Juni 1934 und an die stündlichen Meldungen über die Niederschlagung der Röhm-Revolte. Ich war damals in Dresden. Nachts saß ich bei ›Rumpelmayer‹ in der Prager Straße, als plötzlich die Zeitungsverkäufer erneut Sonderdepeschen ausriefen. Ich bat den Kellner, ein Blatt zu besorgen. Als er es mir brachte, hatte er die Zahl, die Namen und den Parteirang der Toten bereits überflogen. Er gab mir die noch druckfeuchte Liste mit den Worten: »Das Endresultat, Herr Doktor!«

Der schwarze Zigarettenpreis ist, pro Stück, von 2,50 RM ruckartig und ganz allgemein auf 3,50 RM gestiegen. Ich traue mich kaum noch, ›pro Stück‹ zu schreiben. Es müßte allmählich ›pro Exemplar‹ heißen.

Berlin, 14. Februar 1945

Gestern abend und in der Nacht schwere Luftangriffe auf Dresden! Die Telefonverbindungen sind unterbrochen. Sogar Reisesperre wurde verhängt. Wann werde ich erfahren, wie es den Eltern geht? Die Situation ist teuflisch. Sie wird geradezu unerträglich, wenn man während eines solchen Angriffs, hundertachtzig Kilometer davon entfernt, selber im Keller sitzt. Man verfolgt die trockne Rundfunkdurchsage, studiert dabei den abgegriffenen Koordinatenplan, den die Berliner die ›Quadrat-Else‹ nennen, und merkt immer deutlicher, immer unmißverständlicher, daß sich die ›Bomberströme‹ dem Planquadrat ›Martha Heinrich‹ stetig nähern und dann über diesem ›Raume kurven‹. Dieser Raum, dieses Quadrat unter vielen, dieses alberne Doppel- und Koppelwort ›Martha Heinrich‹, das ist die Heimat, das sind die Eltern! Eine Stunde, eine geschlagene Stunde lang flogen sie, ein Bomberverband nach dem anderen, über Dresden hinweg. Es nahm, für meine Empfinden, kein Ende. Schließlich, nach einer Stunde Ewigkeit, drehten sie nach Südwesten ab.

Jahrelang gab es, bei allen Sorgen, die eine, äußerste Sorge nicht. Jahrelang schien es, als wolle der Gegner Dresden vergessen. Und nun, wie wenn er alles nachholen wolle: Bomberströme überm Elbstrom. Wann werde ich erfahren, wie es den beiden geht?

Überall werden Militärausweise kontrolliert. Überall werden Deserteure verhaftet. Es dürfte nicht ratsam sein, sie alle in die Bäume zu hängen. Soldaten sind rar. Es wäre fahrlässiger Verschleiß von Heeresgut. Man wird sie, scharf bewacht, an die Front bringen. Weit ist der

Weg ja nicht. Sie werden neben und mit den Helden fallen, diese auf dem Feld der Ehre, jene auf dem Feld der Schande, und es wird das gleiche Feld sein.

Der Leiter des Soldatensenders, erzählte Hans Fritz, habe aus der Frontstadt Berlin ›echte Reportagen‹ übertragen wollen und sei erstaunt gewesen, als man ihn warnte. Die Interviews auf den Straßen, vor den Geschäften und in den Fabriken, wurde ihm erklärt, dürften schiefgehen, falls sie überhaupt zustandekämen. Viel eher könnten seine Reporter damit rechnen, daß man ihnen das Mikrophon aus der Hand nehmen und sie verprügeln werde.

Die Stromsperre wird immer lästiger. Solange keine Flieger die Stadt ansteuern, gibt es keinen Strom. Er wird erst freigegeben, wenn sie sich am Himmel tummeln. Die Geschäfte und die Stockwerke funktionieren nur, wenn sie leer sind.

Berlin, 15. Februar 1945

Heute mittag der vierte Angriff auf Sachsens Mitte, besonders auf Dresden. Da ein Teil der Flugverbände nach Norden abschwenkte, saß auch Berlin im Keller. Die Vorstellung, daß die beiden alten Leute, seit vorgestern nacht, womöglich ohne Wohnung irgendwo zwischen Trümmern hocken und daß die Mama meine zwei Manuskriptmappen, trotz Furcht und Tod und Teufeln, eisern umklammert hält, macht mich krank. (Es ist zweifellos viel wirkungsvoller, wenn jemand unsere Angehörigen quält, statt uns selber. Die Methode gehört zu den ältesten und probatesten Hausmitteln der Menschheit.)

Bei der Überlegung, daß täglich zehn- bis fünfzehntausend Flugzeuge über Deutschland Bomben abwerfen und daß wir, längst ohne jede Gegenwehr, stillhalten müssen und, wie das Rindvieh auf den Schlachthöfen, tatsächlich stillhalten, bleibt einem der Verstand stehen. Wann werde ich Nachricht haben?

Heute abend jährt es sich, daß meine Wohnung in der Roscherstraße abbrannte. Am Tage darauf kam, insofern sehr unpassend, meine Mutter an, um mir die Wäsche zu bringen, da die Post die Paketbeförderung abgelehnt hatte. Und weil der Anhalter Bahnhof getroffen worden war, mußte ich von dort aus zum Görlitzer Bahnhof. Ich kam trotzdem zurecht. Der Dresdner Zug stand, wegen einer Vorwarnung, noch weit draußen auf der Strecke. Mein Plan war, die Zeit bis zu Mamas Rückfahrt im erstbesten Lokal hinzubringen. Denn ich wollte ihr nicht nur die Roscherstraße ersparen, sondern den Trümmeranblick überhaupt. Sie brauchte nicht zu wissen, wie es in Berlin aussah. Sie sollte weiterhin glauben, es sei nur halb so schlimm. Ihre Sorgen um mich waren ohnedies groß genug.

Mein Plan schlug fehl. Sie wollte unbedingt die Wohnung sehen, obwohl ich ihr klarzumachen suchte, daß nicht nur die Wohnung, sondern das ganze Haus verschwunden sei. »Auch das Klavier?« fragte sie. Und als ich nickte, fragte sie weiter: »Auch die Teppiche?« Sie konnte es nicht fassen und bestand, eigensinnig wie ein Kind, auf dem Augenschein. So machten wir uns auf den Weg. Und auch den Weg hätte ich der alten Frau gern erspart. Die Stadtbahn verkehrte nur auf Teilstrecken. Manchmal gab es Omnibusanschlüsse. Manchmal mußten wir bis zur nächsten Stadtbahnstation, die in Betrieb war, durch halbzerstörte Straßen laufen. Meine Angst freilich, der Anblick könne die Mama erschrecken, war überflüssig geworden. Sie sah und hörte nichts, bis wir nach zwei Stunden im Hof standen, den sie kannte. Sie blickte auf die Ziegeltrümmer und, völlig ausdruckslos, in die leere Luft darüber. So standen wir eine Weile. Dann drehte sie sich um und kletterte über den meterhohen Schutt, der im Toreingang des Vorderhauses lag, auf die Straße zurück.

Für den Rückweg zum Görlitzer Bahnhof brauchten wir wieder zwei Stunden. Sie sah nichts, hörte nichts und sprach kein Wort. Als sie sich aus dem Abteil beugte, zeigte ich auf das Wäschepaket, das ich noch immer trug, und sagte lächelnd: »Ein Glück, daß die Post den Karton nicht angenommen hat! Sonst wäre die Wäsche mit verbrannt!« Das Gesicht blieb versteinert. Als der Zug anfuhr und ich winkte, hob und senkte sie ein einziges Mal die Hand.

In ihrem nächsten Brief schrieb sie, sie habe tagelang geweint. Und was ist nun? Ein Jahr später? Blickt sie jetzt in Dresden in die leere Luft ›darüber‹? Ein wenig beruhigt mich der Gedanke an den stabilen Gewölbekeller, den der Nachbar Hilbrich mit ein paar anderen Hausbewohnern gemauert hat. Auch der Papa meinte, das Gewölbe und die Türschleuse vertrügen einen Stoß.

In der Ostsee seien die zwei größten KdF-Schiffe auf Minen aufgelaufen, die ›Gustloff‹ mit neuntausend und die ›Robert Ley‹ mit fünftausend Flüchtlingen.

Berlin, 22. Februar 1945

Noch immer keine Nachricht aus Dresden! Auch nicht von den Verwandten aus Döbeln, denen ich depeschiert hatte. Auch nicht von dem aus Dresden zurückerwarteten militärischen Kurier, den Orthmann beauftragt hat, sich in der Königsbrücker Straße zu erkundigen. Neun Tage ohne Nachricht. Und morgen ist mein Geburtstag.

Begreiflicherweise kursieren tausend Gerüchte. Erich Ponto sei, um sich zu retten, aus dem Fenster gesprungen und habe sich die Beine gebrochen. Peter Widmann, der einen Film drehte, werde vermißt. Günther Lüders, der zufällig drüben war, habe Viktor de Kowas Mutter heil herausgebracht.

Meine deprimierenden Bittgänge, etwas Schriftliches und Gestempeltes zu ergattern, sind kläglich gescheitert. Ich wollte mich an der Autobahn postieren und versuchen, daß mich irgendein Wagen in Richtung Dresden mitnähme. Aber ich bekam keine Erlaubnis, Berlin zu verlassen. Eine solche Erlaubnis erhalte nur, wer Unterlagen über die Schädigung der Angehörigen an Leib und Gut vorweisen könne. Und mir im besonderen, sagte man, hülfen nicht einmal derartige Unterlagen. Denn da ich als verbotener Schriftsteller keiner Fachschaft, keiner Kammer, noch sonst einer Berufsorganisation angehöre, dürfe mir niemand den erforderlichen Passierschein ausstellen. Und ohne ihn nähme mich bereits der erste Kontrollposten der Feldgendarmerie fest.

Berlin, 27. Februar 1945

Am Morgen des 23. Februar, zu meinem Geburtstag, kam endlich Nachricht! Zwei Briefe und zwei Postkarten, schmutzig und zerknittert, auf einmal! Das war ein Geburtstagsgeschenk! Sie leben und sind gesund, und sogar die Wohnung steht noch. Weil die Fenster zersprungen und die Zimmer voller Ruß und eiskalt sind, schlafen die Eltern im Korridor. Mama auf dem Sofa, Papa auf zusammengeschobenen Stühlen. Das Essen wird im ›Löwenbräu‹ ausgegeben. Sie frieren, was das Zeug hält. Die Koffer und die Bettenbündel liegen, im Keller, auf dem Handwagen.

Mit dem Wagen standen sie am 13. Februar, während der ganzen Nacht, in einem Hausflur auf der anderen Straßenseite. Warum gegenüber? Ich weiß es noch nicht. Ob es in den oberen Etagen oder nebenan eingeschlagen hat? Tante Linas Villa am Albertplatz ist ausgebrannt. Die Bank ist zerstört. Fleischermeister Tischer und Kolonialwarenhändler Kletzsch sind ausgebombt.

Gestern abend brachte Orthmanns Kurier entsetzliche Nachrichten. Dresden sei ausradiert worden. Der Feuersog des brennenden Neuen Rathauses habe aus der Waisenhausstraße fliehende Menschen quer durch die Luft in die Flammen gerissen, als wären es Motten und Nachtfalter. Andere seien, um sich zu retten, in die Löschteiche gesprungen, doch das Wasser habe gekocht und sie wie Krebse gesotten. Zehntausende von Leichen lägen zwischen und unter den Trümmern. Und die Eltern leben! Trauer, Zorn und Dankbarkeit stoßen im Herzen zusammen. Wie Schnellzüge im Nebel.

Römische Generäle stürzten sich, angesichts der unvermeidlichen Niederlage, ins entgegengestreckte Schwert. Solch einen Selbstmord durch fremde Hand begeht das Dritte Reich. Das Dritte Reich bringt sich um. Doch die Leiche heißt Deutschland.

Wir sind wieder ein paar Tage in L. Gestern wurden Schöneberg und die Innenstadt schwer getroffen, besonders Alexanderplatz, Seestraße, Müllerstraße und Schlesischer Bahnhof. Hitler hat den Gauleitern Koch und Hanke in Königsberg und Breslau durch Funkspruch befohlen, ›auf ihrem schweren Posten auszuharren bis zu ihrem endgültigen Sieg‹. Guben und Forst brennen. Einzelne Transporte aus diesen Orten und aus Kottbus haben L. passiert, andere sind unterwegs abgefangen worden. Man hat sie zu spät in Marsch gesetzt. Daran ist nicht nur die Bürokratisierung des Rückzugs schuld, sondern auch der untaugliche Versuch, die Niederlage durch Propaganda zu verschleiern. Propaganda vermag viel. Sie kann schönfärben. Sie ist ein Färbemittel. Doch sobald sie sich anmaßt, Tatsachen auf den Kopf zu stellen, hilft sie der Konkurrenz. Sie wird, wie sich der Volksmund ausdrückt, zur ›Antiganda‹. Dann schminkt sie einen Schwerkranken, statt den Arzt zu holen.

In L. sollen Flüchtlinge untergebracht werden. Die Ansässigen sträuben sich. Die Geduld der Bevölkerung scheint sich zu erschöpfen. Auch Amputierten versagt man, in Bahn und Omnibus, bereits die gebotene Rücksichtnahme. Exemplarische Drohungen verfangen nicht mehr. Man ist ihrer müde. Die Angst hat die Richtung gewechselt. Und der angestaute, nicht länger zu stauende Unmut trifft die Schwachen.

Wir haben die ersten Schneeglöckchen gepflückt. Und die heimkehrenden Stare flogen in lärmenden Geschwadern über unsere Köpfe. Frühling und Untergang, am Himmel wie auf Erden. Natur und Geschichte sind geteilter Meinung und streiten sich vor unseren Augen. Wie schön müßte es sein, auch einmal einen Frühling der Geschichte zu erleben! Doch er steht nicht auf unserm Kalender. Die historischen Jahreszeiten dauern Jahrhunderte, und unsere Generation lebt und stirbt im ›November der Neuzeit‹.

Berlin, 1. März 1945

Auch Goebbels macht sich über die geschichtliche Entwicklung Gedanken, noch dazu mittels des Rundfunks vor aller Welt. So erklärte er gestern: Wenn wir den Krieg verlören, sei die Göttin der Geschichte eine Hure. Wollte er damit indirekt beweisen, daß wir, da eine Göttin keine Hure sein könne, den Krieg gewinnen müßten? Oder wollte er uns schonend auf den rapiden Sittenverfall in Götterkreisen vorbereiten? Wollte er mitteilen, daß sich die Dame, nach neuesten Informationen, nicht etwa nur ins, sondern sogar aufs falsche Lager begeben habe?

Wie man den Konditionalsatz auch verstehen mag, – daß er ins Mikrophon gebellt wurde, bleibt unverständlich. Noch der winzigste Parteigenosse betet die präfabrizierten Durchhalteparolen wie einen Rosenkranz herunter. Noch der bravste Landser, der das prodeutsche Walten der Vorsehung auch nur gelinde anzweifelt, muß gewärtigen, daß man ihn aufknüpft. Aus dem belagerten Königsberg meldete der Kreisleiter heute ›Kolberg-Stimmung‹. Und ausgerechnet der Propagandaminister trompetet defaitistische Sentenzen in den Äther? Warum fällt er sich in den Rücken? Noch dazu mit einer Trompete? Ich weiß keine Erklärung.

Berlin, 2. März 1945

Heute morgen erwartete man einen massierten Angriff auf Berlin. Aber vor Potsdam drehten die Verbände nach Süden ab und griffen statt dessen Chemnitz und Dresden an. Nun heißt es wieder auf Nachricht warten.

Es ist zwei Uhr mittags. Seit zehn Uhr morgens sind

vier- bis fünftausend Flugzeuge über Deutschland. Auch Jagdgeschwader, die, weil es keine Abwehr gibt, im Tiefflug Eisenbahnziele attackieren. Die Abschlachtung eines wehrlosen Gegners, der sich nicht ergeben will, ist kein schöner Anblick. Ich werde das Bild eines Boxers nicht los, der die Fäuste nicht mehr heben kann. Immer wieder fällt er um, immer wieder steht er auf, immer wieder wird er niedergeschlagen, und immer wieder blickt er glasig in die Ecke seines Trainers. Doch der Trainer wirft das Handtuch nicht in den Ring, sondern brüllt: »Mach weiter! Die Linke raus!«

Von L. bis Wannsee fuhren wir mit einem Lastwagen, und überall begegneten wir Trecks. Einmal zogen zwei der traurigen Kolonnen in entgegengesetzter Richtung aneinander vorbei! Das wirkte unheimlich. Man hatte den aberwitzigen Eindruck, jede der beiden Gruppen suche in den brennenden Gehöften der anderen ihre Zuflucht. Der Anschein wurde zur Allegorie.

An den Kreuzungen wichtigerer Landstraßen wurden die Kennkarten kontrolliert. Die Feldpolizisten, die ›Kettenhunde‹, suchen und fangen Spione und Deserteure. In der Giesebrechtstraße, in der Ruine eines Gartenhauses, sind fünf Soldaten verhaftet worden. Ein im Vorderhause wohnhafter Hauptmann hatte das Versteck bemerkt und Anzeige erstattet.

Seit zehn Tagen klettern die Berliner allabendlich ein- bis zweimal in die Keller. Gestern hockten wir geschlagene zwei Stunden drunten. Da alle erkältet sind, hätten wir vor Husten und Niesen fast die Entwarnung überhört. Erst beehrte uns ein mittlerer und dann ein schwacher Verband schneller Kampfflugzeuge. An etlichen Teilstrecken ist die Stadtbahn wieder außer Betrieb. Elfriede

Mechnig war anderthalb Stunden unterwegs, bevor sie schimpfend in der Sybelstraße eintraf.

Im ›Bardinet‹ gibt es, angeblich wegen Transportschwierigkeiten, nicht einmal Bier und Sprudel. So tranken wir, leicht verbittert, Malzkaffee. Dann erst rückte Foese für jeden ein Glas Rotwein heraus. Er spielt mit dem Gedanken, den Laden dicht zu machen. Um so mehr, als er dann das Hotelzimmer neben dem Lokal aufgeben und in seine Wohnung zurückziehen könnte, die nicht in Charlottenburg, sondern, glaube ich, in Tegel liegt. Das wäre für ihn eine günstige Gelegenheit, der Stadtwacht zu entkommen. Denn dieser Formation droht Kasernierung, und für eine solche Wohnweise fühlt er sich zu erwachsen. Martin Mörike ›wohnt‹ bereits, mit seinen einundsechzig Jahren, auf Staatskosten in einem Massenlogis, und er schrieb mir von dort, aus der Turmstraße, eine Postkarte, daß ich ihn, so bald ich könne, besuchen solle. Er leide an Haftpsychose.

Ich brauche nur an die Baracken auf dem Schießplatz Wahn zu denken oder an die mit Flöhen garnierten Strohsäcke im Dresdner Ball-Etablissement ›Orpheum‹, das wir in ›Morpheum‹ umbenannten, und schon wird mir übel. Damals war ich achtzehn Jahre alt. Den Quartiergestank habe ich noch jetzt in der Nase.

Daß ich diesmal davongekommen bin, verdanke ich dem Stabsarzt, der mich untersuchte. Er fragte mich, während ich nackt und stramm vor ihm stand, nach Namen und Beruf und sagte: »Soso, *der* Kästner sind Sie!« Die Bemerkung verhieß nichts Gutes. Als ich dann aber von dem uralten Musterungsmajor, den ein Monokel zierte, erfuhr, daß ich für militärdienstuntauglich befunden und ausgemustert worden sei, wußte ich, daß mir der Arzt sehr gewogen sein mußte. Andernfalls hätte er mich mindestens für Schreibstubendienste oder fürs

Kartoffelschälen im Ehrenkleid requirieren können. Wie man Freunde hat, die einen nicht mehr kennen wollen, hat man, zum Ausgleich, andere, die man selber nicht kennt.

Berlin, 3. März 1945

Gestern abend der übliche Angriff mit ›Moskitos‹. Heute vormittag starke Verbände über Mitteldeutschland. Auch hinter der Elbe waren sie. Vermutlich über Bautzen, Zittau und Görlitz. Nachdem ich das Gepäck im Keller verstaut hatte, ging ich im Sonnenschein vorm Haus auf und ab. Die letzte Post aus Dresden wurde am 23. Februar abgeschickt. Also vor acht Tagen. Ein Urlauber, der zum Bodenpersonal in Klotzsche gehört, erzählte, in der Marschallstraße hätten die Leichen noch vorige Woche auf dem Pflaster gelegen, und allein in der Altstadt habe es zwanzigtausend Tote gegeben.

Die Amerikaner stehen vor Köln. In Krefeld wird gekämpft. Düsseldorf wird schwer beschossen. Trier, Neuss und Mönchengladbach sind erobert worden.

Als wir, auf dem Lastwagen zwischen L. und Wannsee, den zwei Trecks begegneten, die in entgegengesetzter Richtung flüchteten, fiel mir eine andere makabre Szene ein. Sie spielte sich vor Jahren ab. Und obwohl ich nicht befürchten muß, sie zu vergessen, will ich sie notieren. Als ich seinerzeit, in der Roscherstraße, meinem Haus gegenüber, die Gasmaske abholen wollte, schien, von außen durchs Fenster gesehen, das Parterrezimmer nahezu leer zu sein. Ich bemerkte nur die NS-Helferinnen, und ich begriff nicht recht, warum sie, ohne

Parteienverkehr, so geschäftig und aufgeregt waren. Beim Betreten des Zimmers verstand ich ihre Verwirrung. Der Raum war mit Liliputanern überfüllt! Es handelte sich um eine Artistengruppe, der man Gasmasken anprobierte. Fast allen diesen Zwergen mit den Greisengesichtern waren die grauen Masken viel zu groß. Nur einigen der schnatternden Damen und Herren paßten wenigstens die sogenannten ›Kindergrößen‹. Die anderen mit den noch kleineren Köpfen ließen sich eine Maske nach der anderen überstülpen, keine schloß luftdicht ab, und die doppeltgroßen Helferinnen, die neben den Liliputanern wie Riesenweiber wirkten, schwitzten vor Ratlosigkeit. Die meisten Zwerge mußten ohne Gasmasken abmarschieren. Die Minorität mit den etwas größeren Köpfen war stolz und glücklich. Man hätte lachen mögen, doch es lachte niemand. Alles Komische beruht auf Kontrasten, doch nicht jeder Kontrast wirkt komisch.

Berlin, 5. März 1945

Nachts gegen drei Uhr ein kleiner Angriff. Um die Mittagszeit Einflüge in breiter Front, von Hamburg bis Prag. Überall dicke Luft. Einige Verbände luden die Bomben erst auf dem Rückweg ab.

Sondervorstellung im Rundfunk: Gauleiter Hanke sprach aus der ›Festung Breslau‹ zum Deutschen Volk. Was wir ehedem für unerläßliche Kulturgüter gehalten hätten, meinte er, stelle sich jetzt, bei näherem Hinsehen, als durchaus entbehrliches Zivilisationsgut heraus. Auch sonst scheint er in der letzten Zeit mancherlei gelesen zu haben. Er zitierte sogar den alten Jakob Böhme aus Görlitz: »Wer nicht stirbet, bevor er stirbet, der verdirbet, wenn er stirbet.« Früher einmal, in brauner Vorzeit, als Hanke Kultur noch für unerläßlich hielt, ohrfeigte er in Babelsberg, Frau Magda Goebbels zu Ehren, den Dr. Greven von der Ufa, und nun, da ihm Kultur nichts mehr gilt, rezitiert er deutsche Mystik und predigt aus einer Festung, die keine ist, das Memento mori! Wo hat er die Weisheit her? Von dem Bürgermeister, den er vorm Breslauer Rathaus aufhängen ließ? Von diesem Feigling, der erklärt hatte, eine umzingelte Großstadt werde nicht einfach zur Festung, indem man sie als solche bezeichne? Hoffentlich hat das deutsche Volk die Predigt verstanden. ›Das Leben ist der Güter höchstes nicht‹? Ganz wie Sie wünschen, Herr von Schiller! Es gehört vielmehr zu den entbehrlichen Zivilisationsgütern? Zu Befehl, Herr Hanke!

Nicht alle Volksgenossen sind Herrn Hankes Meinung. Eine Schauspielerin, deren Vater General ist, wurde, samt Geschirr und Wäsche, von einem vermutlich dienstfreien Obersten im Dienstwagen aus Berlin nach Süddeutschland verlagert. Ein Minister aus dem Protektorat Böhmen und Mähren, der in ähnlicher Absicht unterwegs war, wurde von einem Tiefflieger getötet. Und der Komponist M. hat sich, mit Erlaubnis des Propagandaministers, ins Schwedische begeben, unter Zarah Leanders respektable Fittiche. In Stockholm soll er den Journalisten erklärt haben, er gedenke in Schweden zu bleiben, da er im Volkssturm nicht gegen seine österreichischen Kameraden von der Freiheitsbewegung kämpfen wolle. Si tacuisses! Hoffentlich hat er keine Angehörigen zurückgelassen. Sonst könnte man ihnen seinen schwedischen Freimut mit schwedischen Gardinen heimzahlen.

Berlin, 6. März 1945

Der Rundfunk nahm sich gestern der Festung, die keine ist, noch ein zweites Mal an. Er berichtete sehr anschaulich, wie sich in Breslau die Häuserschlachten abspielen. Daß deutsche und russische Stoßtrupps einander von Wohnung zu Nachbarwohnung bekämpfen, von Treppe zu Treppe, von Balkon zu Balkon, Fuß an Fuß und bis aufs Messer, und daß sie, wenn das Haus einstürzt, gemeinsam unter den Trümmern begraben werden.

Es heißt, in Berlin stationierte PK-Berichter seien wegen der Sendung außer sich geraten. Derart realistische Schilderungen steigerten ja doch nur die Labilität der Hörer! Eine interne Besprechung sei fast in eine Palastrevolution ausgeartet. Kurz, man war über die Grenzen zweckvoller Propaganda geteilter Meinung. Niemand wird bestritten haben, daß es Grenzen gibt. Aber wußte einer, wo sie verlaufen?

Solange man der Bevölkerung nur vor den eignen Machthabern bange machte, war die Grenzfrage nicht akut. Jetzt macht man nach zwei Seiten bange. Man zündet den Stall an zwei Ecken an, und nun wird es brenzlig. Nach welcher Seite wird die Herde, wild vor Angst, ausbrechen, und wen wird sie dabei niedertrampeln? In welches der zwei Feuer soll man noch mehr Stroh werfen, und in welche der Flammen das meiste?

Einem Funkbericht aus Königsberg war unschwer zu entnehmen, daß kürzlich nahezu chaotische Zustände geherrscht haben müssen. Die Herde wußte nicht, wohin. Seit ein paar Tagen hat sich das geändert. Es war und ist von ›Kolberg-Stimmung‹ die Rede. Wie hat man das erreicht? Davon war nicht die Rede. Trotzdem läßt es sich erraten. Man hat noch mehr durchgegriffen, gehenkt und exekutiert. Die Angst vorm Gauleiter Koch wurde größer als die Angst vor den Russen. Doch wie lange brennt ein Bündel Stroh? Vielleicht ist die Frage für Königsberg nicht mehr wichtig. Denn vorhin wollte jemand wissen, die Stadt sei gefallen.

Erst heute gab der Wehrmachtsbericht zu, daß in Köln gekämpft werde. Außerdem meldete er, seit langem wieder einmal, Vorstöße der deutschen Luftwaffe nach England. Man habe in ›beleuchteten Städten‹ kriegswichtige Ziele angegriffen. Man teilte also zweierlei mit: die Hoffnung, die Ziele getroffen zu haben, und die Tatsache, daß England die Verdunklung aufgehoben hat! Wie kann man, jener mittelmäßigen Vermutung zuliebe, diese erstaunliche Neuigkeit ausposaunen! Oder wollte man, drittens, ankündigen, daß man ab heute wieder in der Lage sei, die Bevölkerung durch regelmäßige Gegenangriffe zu entlasten? Daran glaubt schon lange keiner mehr.

Kassiske verglich, gestern abend, unsere Nachrichtenübermittlung bei Luftangriffen mit den Bemerkungen einer alten Frau, die, während sie einen Räuber in der Wohnung weiß, mit der Polizei telefoniert. »Jetzt«, jammert sie, »ist er im Korridor! Jetzt geht er ins Wohnzimmer! Jetzt klinkt er die Kammertür auf! Jetzt greift er nach meinem Portemonnaie! Und jetzt, – jetzt haut er mir eins über den Schädel!«

Ernst von der Decken hat gehört, daß ein Großteil der Dresdener Altstadt, unter Verwendung der Trümmerziegel, zugemauert werden solle.

Mein platonisches Amüsement mit der Schrifttumskammer, zwecks Feststellung des mir erwachsenen Gewerbeschadens, dauert unvermindert an.

Berlin, 7. März 1945

Endlich wieder Post von den Eltern! Beim Angriff am 2. März mittags sind nur die Pappen aus den Fensterrahmen gefallen. Ärgerlich sei, daß es seit dem 13. Februar in den Häusern weder elektrischen Strom noch Wasser gibt. Das Wasser müssen sie mit Eimern holen. Und auf der anderen Straßenseite, in Naumanns Hausflur, hätten sie die Schreckensnacht deshalb verbracht, weil der niedrige Anbau in unserm Hof und das Hinterhaus nebenan brannten.

Guderian, der Chef des Generalstabs, hat sich, vor geladenen Journalisten, an die Weltöffentlichkeit gewendet. Das maßlose Verhalten der russischen Truppen gehe auf höchste Befehle zurück, deren einen er verlas. Und ›von Teufelsöfen, Gaskammern und ähnlichen Erzeugnissen einer kranken Phantasie‹ habe er während des deutschen Vormarsches in Rußland nichts bemerkt. Schließlich kam er auf die Leidenschaft zu sprechen, mit der daran gearbeitet werde, im Osten von der Verteidigung wieder zum Angriff übergehen zu können. Da wird die Weltöffentlichkeit aber staunen! Und zwar darüber, was so ein Chef des Stabes über die Zunge bringt, statt sie sich abzubeißen!

Eines Tages wird die Geschichte der deutschen Generalität seit 1933 geschrieben werden, und das wird keine schöne Geschichte sein, sondern ein höchst unerbauliches und unpreußisches Buch. Darin wird man nachlesen können, wie sich die Generäle, um mächtig zu werden, unterwarfen. Wie sie sich bald Marschallstäbe, bald Backpfeifen geben ließen und beidemale strammstanden. Wie sie nicht unseren, nicht einmal ihren, sondern immer nur ›seinen‹ Krieg führten. Wie sie, bis auf wenige, ihrem

Treubruch die Treue hielten, bis übers Grab. Über wessen Grab?

Die trotz aller weiteren Einberufungen, insbesondere zum Volkssturm, schleichend um sich greifende Arbeitslosigkeit schleicht nicht mehr. Sie wird offenkundig. Wer jetzt, vor allem unter den ›Arbeitsdienstverpflichteten‹, krank wird, erhält, ohne langes Bitten, mehrere Wochen Krankenurlaub. Und wer unverdrossen arbeiten möchte, hat Verdruß, denn es fehlt an Arbeit. Und es fehlt an Arbeit, weil es an Rohstoffen und an Transportmitteln fehlt. Die Methoden, die Notlage zu verschleiern, schlagen nicht an. Die kranken Arbeiter, denen man Erholungsurlaub spendiert, machen sich ihre Gedanken. Und die gesunden, die man zum Volkssturm einzieht, tun das erst recht. Denn wenn man sie, mit Ausweisen wohlversehen, zur Kammer schickt, damit sie Waffen fassen sollen, werden sie mit leeren Händen zurückgeschickt. Da auch der größte Held nicht mit leeren Händen kämpfen kann, ahnt auch der gutwilligste Volkssturmmann, daß er eigentlich gar nicht gebraucht wird. Man macht sich, vermutet er, höherenorts einen Spaß mit ihm. Man braucht ihn nicht in der Fabrik, und man braucht ihn nicht als Kampfnatur. Er merkt, daß man ihn nur hindern will, spazierenzugehen. Man muß ihn beschäftigen, um den Leerlauf zu kaschieren.

Ich will nicht übertreiben, sondern gewissenhaft bleiben und hinzufügen: Viele merken es nicht, zum Beispiel jene Arbeiter, die sich Angestellte nennen. Das erlebte ich aufs anschaulichste, als ich, vor Monaten, in der Turnhalle der Fürstin Bismarck-Schule, Sybelstraße, mit etwa hundert anderen Charlottenburger Bürgern zur Musterung für eben diesen Volkssturm angetreten war. Nachdem der Herr Hauptmann, stolz wie ein Bürgergeneral, markige

Worte an die Versammlung gerichtet hatte, begann er, mit Hilfe seiner Kompanieschreiber, organisatorischen Schwung zu entwickeln. Dieser Schwung und der subalterne Übereifer hundert besserer Herren in den besten Jahren ergab ein Schauspiel, an das ich gern zurückdenke. Es war ein Militärschwank in Maßanzügen. Die Männer drängten sich, wie sonst nur Frauen beim Inventurausverkauf.

»Wer von Ihnen hat im Büro oder im Geschäft Telefon?« rief der Hauptmann. Und schon flogen ein paar Dutzend Hände in die Luft. »Wer hat zu Hause Telefon?« Weiteres Händehoch. Der Hauptmann schien nicht unzufrieden zu sein. »Nun geben Sie gut acht!« rief er. »Wer sowohl zu Hause als auch im Betrieb Telefon hat, tritt dorthin!« Er zeigte in die äußerste linke Ecke der Turnhalle, und schon jagten die glücklichen Besitzer zweier Telefone in die befohlene Richtung. »Wer nur im Betrieb Telefon hat, dahin!« Er wies auf ein großes Fenster, und unter lautem Getrappel bildete sich im Hui die zweite Gruppe. »Und wer zu Hause Telefon hat, hierher!« Die dritte Gruppe stand. »Danke!« erklärte der Hauptmann. Warum er sich für Telefone interessierte, erklärte er später. Zunächst einmal zückten seine Schreiber Papier und Bleistift und begannen, die Namen, Adressen und Telefonnummern zu notieren.

»Telefone sind wichtig«, sagte der Hauptmann, während die Listen angelegt wurden. »Die Sirenen können ausfallen. Der Sender kann getroffen werden. Dann müssen wir Meldungen und Befehle per Telefon durchsagen, und Sie geben sie weiter. Näheres erfahren Sie übermorgen. Hier und zur gleichen Zeit wie heute. Verstanden?« »Jawohl, Herr Hauptmann!« rief der Chor.

Nun erinnerte sich der tatkräftige Mann jener bedauernswerten Anwesenden, die kein Telefon besaßen, geschweige zwei Telefone, und fragte uns, wer wenigstens ein Fahrrad sein eigen nenne. So entstand eine vierte Gruppe, und auch sie wurde von einem Schreiber protokollarisch erfaßt. »Falls Meldefahrer nötig werden sollten«, bemerkte der Hauptmann und schritt zur Gruppe der beneidenswerten Doppeltelefonbesitzer. »Wer von Ihnen war im Ersten Weltkrieg aktiver Offizier? Niemand? Wer von Ihnen war Reserveoffizier? Bitte, hierher, Herr Kamerad! Danke. Wer war Feldwebel oder Unteroffizier? Dorthin!« Er sortierte. Die Schreiber schrieben. Alle außer mir und vier anderen, die kein Telefon und kein Fahrrad hatten, waren bis über die Ohren beschäftigt.

Wir fünf Habenichtse schlenderten zum ramponierten Konzertflügel, der neben den Kletterstangen stand, boten einander Zigaretten an, gaben uns Feuer und rauchten. Einer war einarmig, schlenkerte den leeren Ärmel und brummte grimmig: »Verdun!« Sein Nebenmann meinte: »Eigentlich eine Frechheit, alte Krieger so dumm auszufragen! Natürlich hab ich Telefon!« Und der dritte sagte grinsend: »Es ist wie die Sache mit der Zahnbürste. ›Haben Sie eine Zahnbürste, Einjähriger? Ja? Dann putzen Sie mal die Latrine!‹« Nach fünf Anstandsminuten gingen wir, ohne daß es jemand bemerkt hätte, nach Hause. (Immerhin erhielt ich später eine amtliche Postkarte, daß ich nunmehr zum Volkssturm gehöre, allerdings zu dessen letztem Aufgebot.)

Das Wort ›Bomberstrom‹ hat sich im Vokabularium des Wehrmachtsberichts und der Rundfunkdurchsage nicht lange gehalten. Eigentlich hatte man wohl nur mitteilen wollen, daß die feindlichen Verbände nicht in breiter Front, sondern hintereinander anflögen. Die fatale psychologische Wirkung auf die Hörer und Leser hatte man entweder nicht erwartet oder nicht bedacht.

›Vom Horizont, rot, erste Angriffsgruppe auf der waagerechten Gustav-Reihe, Spitzenreiter in Gustav Berta, rückwärtige Begrenzung in Gustav Otto‹, – ich brauche die ›Quadrat-Else‹ gar nicht mehr zu betrachten, um festzustellen, welche Städte überflogen und welche Gebiete angegriffen werden.

Berlin, 8. März 1945

Robert Ley hat am 3. März unter dem Titel ›Ohne Gepäck‹ einen Artikel veröffentlicht. Einige Kernsätze verdienen es, daß ich sie abschreibe. ›Nach der Zerstörung nun auch des schönen Dresdens‹, schrieb er, ›atmen wir fast auf. Nun ist es vorbei: Die steinernen Denkmäler deutschen Schöpfergeistes liegen in Trümmern. Jedoch die genialen Entwürfe deutscher Künstler sind gerettet. Nach ihnen werden wir wieder aufbauen!‹ ›Wir werden jetzt im Blick auf den Kampf und den Sieg durch die Sorgen um die Denkmäler deutscher Kultur nicht mehr abgelenkt. Vorwärts!‹ ›Das Schicksal hat nahezu die Hälfte der Nation zu Besitzlosen gemacht und sie damit erleichtert.‹ Man sei, behauptet er, den Reaktionären gegenüber zu großmütig gewesen. Man habe die bürgerlichen Vorurteile zu langsam ausgerottet. Doch diesen auf Großmut beruhenden Fehler habe der Krieg mit seiner gründlichen Zerstörung korrigiert. Auch den Aufstand am 20. Juli streift er. ›Blitzartig haben wir reagiert, den alten Zopf abgeschnitten – und aufgehängt.‹ ›Wie wollte jemand im Feuersturm brennender Straßen seine bürgerliche Standesfahne erheben! Auch die Salons sind verbrannt, und die Zirkel, in denen man kleine Rebelliönchen vorbereitete, sind nicht mehr.‹ ›So marschieren wir ohne allen überflüssigen Ballast und ohne das schwere ideelle und materielle bürgerliche Gepäck in den deutschen Sieg. Wir treten an zum Sturm. Sturm – Sturm – Sturm läuten die Glocken von Turm zu Turm!‹ Sehr viele Türme stehen Herrn Dr. Ley nicht mehr zur Verfügung. Und die Glocken wurden längst zur Artillerie eingezogen. Wenn er zum Sturm antritt, muß ein Rundfunkwagen nebenherfahren und das Glockenläuten von alten Schallplatten abspielen.

Vorhin ist mir wieder ein gesunder Backenzahn aus dem Munde gefallen. Paradentose. Friedrich der Große nannte sich, während des Siebenjährigen Kriegs und wegen der gleichen Ausfallerscheinung, in einem Brief an die Schwester einen ›alten Esel‹. Man freut sich über die kleinste Ähnlichkeit mit großen Männern.

Daß Königsberg gefallen sei, ist offiziell noch nicht bestätigt worden. Umso sicherer ging aus Meldungen hervor, daß Gauleiter Koch nicht mehr in der Festung weilt. Auch Herr Bracht, der oberschlesische Gauleiter, scheint sich ›aus Gesundheitsrücksichten‹ evakuiert zu haben. Aber Karls Lagerhelfer in L., der einarmige, darf Berlin, wo er ambulant in Lazarettbehandlung ist, nicht mehr verlassen. Schon wenn man ihn in Potsdam aufgriffe, würde man ihn als Deserteur ansehen und behandeln. Die Kleinen hängt man, und die Großen lassen sich laufen.

Berlin, 9. März 1945

Den heutigen Leitartikel im ›Völkischen Beobachter‹ hat ein Leutnant namens Karl-Heinz Stockhausen verbrochen. Trotzdem ist nicht er der Verbrecher. Er ist das blutverschmierte Werkzeug. Er kann nicht schreiben und nicht denken, doch das ist nicht seine Schuld. Vielleicht ist er ein junger Held. Sicher ist er ein grüner Junge. Seinen Hintermännern, die sich längst zur Flucht, notfalls in den Selbstmord, entschlossen haben, ist jedes Mittel recht, Ultimo hinauszuschieben.

›Die jungen Soldaten‹ heißt der Artikel. Karl-Heinz, o du mein Alt-Heidelberg, schreibt: ›Ihr jungen Soldaten – wißt, daß ihr nichts zu verlieren habt! Oder meint einer, dieses Leben da unter Bombenregen und in panischer Angst vor den Grausamkeiten des Feindes sei lebenswert, um es sich um jeden Preis zu erhalten? Der Feind führt unbarmherzig seinen Krieg! Auch drüben stehen junge Soldaten in den Armeen. Aber die von Jugend auf im Bolschewismus Abgestumpften und wie eine Herde Aufgewachsenen können nicht besser und tapferer sein als ihr, die in der Hitler-Jugend schneidige Jungen wart!‹

Man läßt, obwohl man weiß, daß nichts mehr helfen kann, Halbwüchsige durch einen Halbwüchsigen aufhetzen. Noch ärgeres Schindluder kann man mit der ›Blüte der Nation‹ wahrhaftig nicht treiben! Man läßt die siebzehnjährigen Soldaten daran erinnern, daß sie in der HJ waren. Doch man schweigt über die Division ›Hitler-Jugend‹, weil sie nicht mehr existiert. Sie war mit Panzerminen bewaffnet, die an den russischen Panzern hätten haften sollen. Sie taugten nichts. Sie hafteten nicht. So liefen die Kinder in Uniform neben den rollenden Ungetümen her und preßten die Sprengladungen so lange gegen die Panzerwand, bis sie samt den Panzern zerrissen wurden.

Gestern warnte mich jemand. Die SS, das wisse er aus zuverlässiger Quelle, plane, bevor die Russen einzögen, eine blutige Abschiedsfeier, eine ›Nacht der langen Messer‹. Auch mein Name stünde auf der Liste. Das ist kein erhebender Gedanke. Denn ich kann Berlin nicht verlassen. Ich klebe hier fest wie eine Fliege an der Leimtüte.

Mayrhofen I
22. März bis 3. Mai 1945

Aus der Chronik

22. März 1945	Gründung der Arabischen Liga in Kairo. Mitglieder werden Ägypten, Irak, Syrien, Libanon, Transjordanien, Saudi-Arabien und Jemen.
26. März	Die Amerikaner landen auf der Insel Okinawa, der künftigen Basis für unbeschränkte Luftangriffe auf Japan.
27. März	Argentinien erklärt Deutschland den Krieg. Hitler empfängt in Berchtesgaden die Gau- und Reichsleiter.
7. April	Die Russen erobern Wien.
12. April	Roosevelt stirbt. Truman wird sein Nachfolger.
16. April	Beginn der russischen Offensive an der Oder. Hitlers Aufruf ›An die Soldaten der Ostfront‹.
18. April	Kapitulation der deutschen Truppen im ›Ruhrkessel‹. In 16 Tagen an der Westfront 755 573 Gefangene.
20. April	Einschließung Berlins durch die Russen. Goebbels verspricht, anläßlich des Führergeburtstags, dem deutschen Volke den Sieg und eine glückliche Zukunft.

21. April	Die Sowjetunion und Polen schließen für dreißig Jahre einen Freundschaftsvertrag. In Italien bricht die deutsche Front zusammen.
23. April	Hitler enthebt Göring seines Amtes; gleichzeitig Ausschluß aus der Partei.
25. April	Beginn der Konferenz der Vereinten Nationen in San Franzisko. Begegnung der amerikanischen und russischen Truppen bei Torgau an der Elbe.
27. April	Unabhängigkeitserklärung der österreichischen provisorischen Regierung unter Staatskanzler Doktor Renner.
28. April	Mussolini wird, beim Fluchtversuch in die Schweiz, in Dongo erschossen. Himmler läßt den Westmächten die Kapitulation anbieten.
30. April	Die Russen besetzen das Reichstagsgebäude in Berlin. Hitler ernennt Großadmiral Dönitz zu seinem Nachfolger und begeht, wie Goebbels, im Bunker der Reichskanzlei Selbstmord. Die Amerikaner besetzen München.
2. Mai	Schwerin-von Krosigk bildet in Plön eine neue deutsche Regierung. Berlin wird der Roten Armee übergeben. Die deutsche Armee in Italien kapituliert.
3. Mai	Die Engländer besetzen Hamburg. Die Amerikaner erreichen den Brenner.

Mayrhofen, Zillertal, 22. März 1945

Die Fliege klebt nicht mehr an der Tüte. Es hat ihr jemand aus dem Leim herausgeholfen. Eine Art Tierfreund? Der Vergleich hinkt. Denn eine zappelnde Fliege zu befreien ist selbst in Diktaturen nicht verboten. Aber einem Manne wie mir, einem Asphaltliteraten, vom Berliner Asphalt fortzuhelfen, war riskant. Und das Risiko, das jener ›Jemand‹ eingegangen ist, wird erst mit dem Krieg vorüber sein. Wann also? Ich weiß es nicht und mache mir Sorgen. Er weiß es nicht und lacht.

Die letzte Berliner Tagebuchnotiz stammt vom 9. März. Seit einer Woche sind wir in Tirol. Es gibt einiges nachzutragen.

Es begann damit, daß sich Lotte und Eberhard auf dem Ufa-Gelände begegneten und er sie erstaunt fragte: »Warum sind Sie eigentlich noch hier?« Sie antwortete: »Weil Erich nicht fortkann.« Da sagte er: »Das läßt sich arrangieren. Ich fahre übermorgen zu Außenaufnahmen. Wenn er will, nehm ich ihn mit. Kommt heute abend zu mir. Da besprechen wir alles.«

Am Abend besprachen wir alles. In der über alten Wagenremisen und Pferdeställen hübsch eingerichteten Kutscheretage, die zu Brigitte Horneys Babelsberger

Grundstück gehört. Es war zugleich der Abschied von Lottes Barockschrank, den niederdeutschen Stühlen und ziemlich kostbaren Büchern, die wir, nach den ersten schweren Angriffen auf Charlottenburg, hier untergestellt hatten.

Er setzte sich an die Schreibmaschine und stellte, auf meinen Namen, alle notwendigen Papiere aus. Es waren von Staatsrat Hans Hinkel blanko unterzeichnete Formulare. Eberhard schrieb, ich sei der Autor des Drehbuchs, das in Mayrhofen verfilmt werde, und vervollständigte die Gültigkeit der Ausweise durch seine eigne Unterschrift. Am übernächsten Abend zehn Uhr führen wir los, sagte er dann. In einem noch ganz brauchbaren Zweisitzer, einem DKW. Und Lotte? Sie würde, in ihrer Eigenschaft als Dramaturgin der Ufa, von Liebeneiner, dem Produktionschef, nach Innsbruck geschickt werden, um mit einem dort wohnhaften Schriftsteller einen Filmstoff zu erörtern. Dazu bedürfe es keiner Camouflage. Und von Innsbruck nach Mayrhofen sei es ein Katzensprung.

Den nächsten Tag verbrachte ich auf Ämtern. Ich ging zur Polizei, zur Lebensmittelkartenstelle und ins Büro des Volkssturms. Und überall erhielt ich, aufgrund der vorgezeigten Ausweise, weitere notwendige Papiere. Es lief wie am Schnürchen. Am unbehaglichsten fühlte ich mich auf der Bank am Olivaer Platz. Denn hier hatte mich die Gestapo zum ersten Male verhaftet. Hier war, länger als ein Jahr, mein Konto gesperrt gewesen. Hier wußte man, daß mir der Staat nicht grün sei. Deshalb traute ich mich nicht, mein Geld bar zu beheben, sondern verlangte einen Reisescheck. Als der Angestellte wiederkam und erklärte, er könne mir keinen Scheck ausstellen, hielt ich den Atem an. Als er hinzufügte, sie hätten keine Scheckformulare in der Filiale, wurde mir wohler. Ob mir mit dem Barbetrag gedient sei, wollte er wissen. Ich zeigte mich einverstanden, ließ mir die Summe an der Kasse auszahlen und entfernte mich gemessenen Schrittes.

Am Tage darauf, zehn Uhr abends, fuhren Eberhard und ich davon. Hinter Potsdam wurden wir zum ersten Mal von Feldgendarmen kontrolliert. Eberhard zeigte unsere Papiere. Sie wurden geprüft. Wir durften passieren. Manchmal zuckten Scheinwerfer auf und prüften den Nachthimmel. Manchmal bemerkten wir neben der Autobahn von Tieffliegern zerschossene Fahrzeuge. Manchmal zirkelten Taschenlampen, ein paar hundert Meter voraus, glühende Kreise, und das hieß immer wieder: ›Halt, wer da? Hier Feldgendarmerie!‹ Man prüfte die Papiere. Die Posten gaben den Weg frei. Und weiter ging's.

Als es zu dämmern begann, kletterte der kleine Wagen den Fränkischen Jura hinan. Plötzlich fiel mir auf, daß neben uns ein rötlicher Schein herlief. Er wich uns nicht von der Seite. Etwas später roch es nach versengtem Gummi. Unsere klammen Füße wurden erstaunlich warm. Nun sprangen wir aus dem Auto. Es war höchste Zeit. Unterm Vordersitz züngelten Flammen. Funken sprühten aus dem Auspuff. Das Chassis schmorte. Erst schmissen wir die Benzinkanister auf die Straße. Dann zerrte Eberhard Wolldecken aus dem Wagen, warf sich zu Boden und versuchte, das Feuer zu ersticken. Das half nichts. Nun brannten auch die Decken. Ich stand ratlos daneben und blickte mich nach Hilfe um. Es war zwecklos. Kein andres Auto. Kein Gehöft. Kein Mensch. Kein

Wasser. Doch da entdeckte ich einen Schneehaufen, und nun rannte ich los. Nachdem ich den letzten Schnee weit und breit zusammengekratzt und im Dauerlauf herangeschleppt hatte, kroch Eberhard, verrußt und zufrieden, unterm Auto hervor. Das Feuer war tot. Wir fuhren langsam weiter.

Gegen acht Uhr morgens roch es wieder nach Gummi und glimmendem Sperrholz. Diesmal fanden wir Bauern und Eimer mit Wasser. Und so trafen wir zwölf Stunden nach der Abfahrt aus Babelsberg, ziemlich pünktlich und wohlbehalten, bei Eberhards Freunden, einer Familie Weiß, in P. ein. Der Gutshof liegt, nicht weit von Fürstenfeldbruck, mitten im Moos. Der Frühstückstisch war schon gedeckt. Mit hausschlachtener Wurst und geräuchertem Speck. Wir hatten Hunger und ließen uns nicht lange bitten.

Nachdem wir ein paar Stunden geschlafen hatten, besuchten wir das Vieh in den Ställen, die Kühe und Ziegen, den wegen seiner Klugheit gepriesenen Ochsen Max und zwei Reitpferde, die ›versehentlich‹ weder zum Militär noch von der Partei eingezogen worden waren. Dann versteckten wir den angeschmorten DKW in einer Scheune unter Strohbündeln und halfen ein wenig bei der Gartenarbeit. Erst als wir in der Veranda Kaffee tranken, rückten die Gutstöchter mit jener Frage heraus, die ihnen seit unserer Ankunft auf den Nägeln brannte. Sie wollten wissen, wieso die Regierung, kurz vorm Zusammenbruch, Filme drehen lasse. Nicht, daß sie ihrem Jugendgespielen Eberhard den Ausflug nach Tirol mißgönnten, das keineswegs. Sie begriffen nur nicht, wozu Goebbels noch Filme brauche. Sie fanden die Sache ganz einfach unsinnig.

Eberhard gab ihnen lächelnd recht. Und dann erklärte er ihnen, wie alles zusammenhänge. Er schickte voraus, daß die Ufa nicht nur seine Expedition ins schöne Zillertal ausgerüstet habe, sondern noch eine zweite Mannschaft, die einen Film in der fotogenen Lüneburger Heide verfertigen solle. Beide Gruppen seien unterwegs. Mit Lastzügen, Apparaturen, Schauspielern, Regisseuren, Assistenten, Kameraleuten, Architekten, Aufnahmeleitern, Handwerkern jeder Art, Maskenbildnern, Beleuchtern, Requisiteuren, insgesamt mit über hundert Menschen. Voraussichtlich werde sich die Gesamtziffer noch erhöhen, da etliche Teilnehmer ihre Frauen und Kinder nachkommen lassen wollten.

Die Methode, beide Pläne durchzusetzen, sei denkbar einfach gewesen. Man habe ein paar konsequente Lügner beim Wort genommen, nichts weiter. Da der deutsche Endsieg feststehe, müßten deutsche Filme hergestellt werden. Es sei ein Teilbeweis für die unerschütterliche Zuversicht der obersten Führung. Und weil das Produktionsrisiko in den Filmateliers bei Berlin täglich wachse, müsse man Stoffe mit Außenaufnahmen bevorzugen. Was wäre den Mandarinen im Propagandaministerium anderes übriggeblieben, als energisch einzuwilligen? Wer A sage, müsse auch B sagen. Mit diesem alten Kniff hätten die kleinen Auguren die großen überlistet.

»Die Luftveränderung ist den Berlinern zu gönnen«, meinte das jüngere Fräulein Weiß. »Nur noch eine Frage: Werdet ihr den Film überhaupt drehen?« »Das ist eine Frage zuviel«, sagte Eberhard.

In der übernächsten Nacht fuhren wir, ab Pasing, mit dem Zug über Garmisch nach Innsbruck. Dort blieben wir, obwohl wir bis zum Anschluß nach Jenbach viel

Zeit übrighatten, geduldig auf dem Bahnhof. Wegen des Gepäcks. Wenn man nur noch einen Handkoffer, einen Rucksack, eine Aktentasche mit Manuskripten, eine Reiseschreibmaschine und einen gerollten Regenschirm besitzt, wird man pedantisch. Wem nur noch fünferlei gehört, der lernt bis fünf zählen, ob er mag oder nicht.

Die Monotonie des Wartens wurde, anläßlich einer Luftwarnung, durch ein seltsames Schauspiel unterbrochen. Die Sirene wirkte wie das Megaphon eines Regisseurs, der einen Monsterfilm inszeniert. Auf ihr Kommando strömten von allen Seiten Komparsen mit Klappstühlen, Kindern, Kissen und Koffern herbei und verschwanden, in langer Polonaise, im gegenüberliegenden Berg.

Abends fuhren wir, von Jenbach aus, mit der Zillertaler Lokalbahn nach Mayrhofen hinauf. Der Fahrplan läßt sich leicht behalten. Der Zug fährt einmal täglich von Jenbach nach Mayrhofen und ebenso häufig von Mayrhofen nach Jenbach. Mayrhofen ist die Endstation, hat etwa zweitausend Einwohner und lebt, sei nun Krieg oder Frieden, nicht zuletzt vom Fremdenverkehr. Die Gegend eignet sich sowohl für Sommerfrischler, die es bei Spaziergängen und Halbtagsausflügen bewenden lassen, als auch für Touristen, denen die Erdkruste erst dreitausend Meter überm Meeresspiegel interessant wird. Die wichtigste Rolle neben den Fremden, wenn nicht die wichtigere, spielt das Vieh, das während der Fremdensaison auf hochgelegenen Almen weidet. So geraten die zweibeinigen und die vierbeinigen Sommerfrischler einander nicht ins Gehege. Die Natur ist weise, und Milch, Butter und Käse sind vorzüglich.

Zur Zeit freilich ist es mit der natürlichen Ordnung nicht weit her. Denn das Vieh ist noch nicht auf der Alm, und die Fremden sind schon im Ort. Der Krieg stiftet noch in den fernsten und schönsten Tälern Unfrieden. An der Qualität von Butter und Käse hat er nicht rütteln können. Um so kräftiger hat er am Preis gerüttelt. Der Schwarze Markt gedeiht nicht nur im Flachland. Die Tiroler sind nicht nur, wie es im Lied heißt, lustig. Sie haben auch andere Eigenschaften. Das bare Geld, das man mir am Bankschalter in Berlin aufnötigte, tut seine Dienste. Schade, daß sich das hiesige Klima nicht für den Anbau von Getreide eignet. Sonst hätten wir sogar Brot. Doch Großstädter, eher mit Bomben als mit Butter überfüttert, sind bescheiden. Sie säbeln Scheiben vom Käselaib und von der goldnen Butterkugel und belegen eins mit dem andern. Wo ein Wille ist, ist auch ein Weg.

Mayrhofen, 23. März 1945

Lottes Bahnfahrt scheint noch abenteuerlicher verlaufen zu sein als meine Autotour. Am heikelsten, und zwar lebensgefährlich, sei es in Berlin gewesen, als der Zug leer im Anhalter Bahnhof einfuhr. Lotte stand, mit ihrem fünferlei Gepäck beladen, in der vordersten Reihe, dicht am Bahnsteig. Und nun drängten die Menschen schreiend nach vorn, als brenne die Oper und sie suchten den Ausgang. Wenn ein Mann sie nicht zurückgerissen hätte, erzählt sie, dann wäre sie auf die Gleise und zwischen die rollenden Wagen gestürzt. Die Menge war von einer Panik gepackt. Man schlug Waggonfenster ein, stieß Frauen zu Boden, trampelte über sie hinweg, rutschte von den Trittbrettern, hing an den Türgriffen, und als der Zug hielt, war Lotte vom Schrecken noch so benommen, daß ihr Hasler, der Filmarchitekt, der zufällig neben sie geraten war, Raum schaffen und sie in den nächsten Wagen schieben mußte.

Über eine Stunde stand der Zug in der Halle. Erst als die Sirenen aufheulten und Luftalarm meldeten, fuhr er, mit abgeblendeten Lichtern, in die Nacht hinaus. Zunächst hockte sie auf dem Handkoffer im Gang. Später wurde sie von ein paar Unteroffizieren in ein Kurierabteil geholt und mit überdimensionalen Wurstbroten verpflegt. Auch sonst erwiesen sich die Menschenfreunde in Uniform als hilfreich. Denn der Zug hielt mehrere Male auf offener Strecke, weil Tiefflieger aufkreuzten. Dann mußten sie alle aus den Waggons springen und in Deckung gehen, bis das Signal zur Weiterfahrt durchgegeben wurde. Ohne die tatkräftige Unterstützung routinierter Krieger hätten der Elevin diese Nachtübungen bestimmt einige Sorgen bereitet. Beim ersten Alarm hatte sie sogar ihre fünf Gepäckstücke mitnehmen wollen!

Wir wohnen bei Steiners, sehr freundlichen Leuten. Er hält Vieh. Sie ist die Hebamme des Ortes. Viktoria, die Tochter, hilft im Haus. Ein Sohn ist gefallen. Der andere kämpft noch irgendwo. Die Fotografie des gefallenen Sohnes steht, schwarzumflort, in der Wohnstube. Auch die Freundlichkeit der Eltern und ihrer hübschen Tochter trägt einen Trauerflor. ›Viktl‹, wie Viktoria gerufen wird, vergißt den Kummer zuweilen. Denn ihr Bräutigam, aus Hintertux gebürtig, ist verwundet, liegt in einem Heimatlazarett und kommt als Krieger nicht mehr in Betracht. Wenn wir in der warmen Stube sitzen und Rundfunknachrichten hören, leistet uns Frau Steiner schweigend Gesellschaft. Die Fotografie des Gefallenen ist nicht der einzige Zimmerschmuck. An den Wänden hängen, einander gegenüber, ein geschnitztes Kruzifix und ein buntes Hitlerbild.

Eberhard hat seine Schäfchen beisammen und die Apparaturen auch. Harald Braun ist der Regisseur. Er hat die Frau und den Sohn mitgebracht. Kyrath, der nette Kerl mit dem Hörapparat, fungiert als Produktionsassistent. Seine Braut, die ihn begleitet, ist Halbjüdin. Vom Architekten Hasler war schon die Rede. Baberske wird an der Kamera stehen. Herbert Witt, der lustige Mitstreiter aus der ›Katakombe‹ und dem ›Tingeltangel‹, den verstorbenen Berliner Kabaretts, korrigiert, im Hinblick auf Landschaftsmotive, das Drehbuch, wenn er nicht gerade, denn er ist engagierter Rohköstler, über die Wiesen schreitet und Nahrung pflückt. Die Besprechungen des Filmgeneralstabs finden teils im Gasthof ›Brücke‹, teils beim Moigg, im ›Hotel Neuhaus‹, statt. Dort essen wir auch zu Mittag, mehr schlecht als recht, und überhaupt nur, weil Eberhard die Wirtsleute kennt und ein wenig tyrannisieren darf.

Als Hauptdarsteller stehen Hannelore Schroth und Ulrich Haupt zur Verfügung. Ihr Stichwort ist noch nicht gefallen. Mittags liegen sie auf dem Balkon und nehmen Sonnenbäder. Die Handwerker und Beleuchter spielen Skat, lassen sich vom Maskenbildner Schramm die Haare schneiden, untersuchen den Ort und die Gegend mit dem nötigen Scharfblick und fangen an, sich in den Schwarzhandel einzuschalten. Alle miteinander wissen, daß ich nicht zum Team gehöre, sondern von der Spree bis zum Ziller als ›Unterseeboot‹ mitgefahren bin. Niemand läßt sich etwas anmerken. Keiner verliert ein Wort darüber. Ich stehe auf ihrer Liste, das genügt, basta. Vorhin habe ich zum ersten Mal den Titel des Films gehört. ›Das verlorene Gesicht‹ soll er heißen. Ein hübscher Einfall.

Daß uns der Großteil der Einheimischen nicht eben gewogen ist, läßt sich mit Händen greifen, und die Aversion läßt sich verstehen. Wer vom Fremdenverkehr lebt, kann die Fremden nicht leiden, damit fängt es an. Sie benutzen seine Stuben, seine Höhenluft, seine Panoramen, seinen Sonnenschein, seine Toilette und seine Wiesenblumen, es muß ihn ärgern. Weil diese Tagediebe Eintrittsgeld, Pachtgebühr und Sporteln bezahlen, muß er seinen Widerwillen zu verbergen trachten, und das macht die Sache noch schlimmer. Wenn sie, statt selber zu erscheinen, die Gelder per Post überwiesen, wäre Eintracht möglich. Doch sie kommen, als Anhängsel ihrer Brieftaschen, persönlich, und das geht ein bißchen weit.

Daß die Fremden, wie der Name sagt, Fremde sind, wäre Ärgernis genug. Aber es sind zumeist Großstädter, vielleicht sogar Berliner, vorlaut und überheblich, fürs schlichte Bauernherz das reinste Gift. Heute mehr denn je. Sie wollen, als Reichsdeutsche, ganz einfach nicht begreifen, daß die Tiroler, also die Österreicher, nach 1933 mit der liberalen Welt und deren Presse noch fünf Jahre lang in engem Kontakt, d. h. sehenden Auges, 1938 dem Hitler zujubeln konnten. Jetzt, 1945, begreifen es die ›Ostmärker‹ selber nicht mehr. Und was fangen sie mit ihrem sträflichen und irreparablen Irrtum an? Sie nehmen ihn uns übel. Nicht sie sind schuld, daß sie den Krieg mitverlieren und daß ihre Söhne mitfallen, sondern wir.

Und was tun wir mitten im Untergang, auch dem ihrigen, was tun wir, statt sie an der Neiße und am Scharmützelsee und in Schlachtensee zu verteidigen? Wir kommen, eine Kabinettsorder vorzeigend, in ihre Bergwelt und drehen einen Film! Eine solche Unverfrorenheit verschlägt ihnen den Atem. Der Großteil der Hiesigen ist uns nicht gewogen? Er haßt uns! Und es ist ein ohnmächtiger Haß. Denn unsere Frivolität ist unangreifbar. Die Obrigkeit hat sie uns aufgetragen. Sie hat sie verbrieft und gesiegelt.

Es gibt einen einzigen schwachen Punkt, wo sich der Hebel gegen uns ansetzen ließe, und der schwache Punkt ist meine Person. Ein kurzes Telefongespräch mit dem Propagandaministerium oder auch nur mit dessen Innsbrucker Filiale würde ausreichen, Eberhards gewagtes Spiel zu durchkreuzen. Wir können nur hoffen, daß die örtlichen Amts- und Würdenträger meinen Namen niemals gehört oder längst wieder vergessen haben. Beide Fälle sind denkbar, und der zweite Fall wäre so vorteilhaft wie der erste. Wenn ein Schriftsteller lange genug verboten ist, vergessen die Leute mit dem Namen auch das Verbot. Wer hier oben weiß, wer ich bin? Und daß ich geblieben bin, wer ich war? Drei Männer aus dem Ort wissen es, ein Arzt, ein Architekt, der Besitzer einer Sägemühle und sechzig Berliner. Sie wissen auch, daß ich ihre Achillesferse bin. Sie lassen es mich nicht fühlen. Dadurch wird das Vergnügen, die Achillesferse von sechzig Berlinern zu sein, nicht größer.

In den meisten Hotels wohnen, von der ebnen Erde bis unters Dach, junge Mädchen. Es sind die Schülerinnen der Lehrerinnenbildungsanstalten Österreichs. Man hat sie nach Mayrhofen umgesiedelt, da hier ihr Leben und der kontinuierliche Unterricht weniger gefährdet sind als in den Städten. Sie sonnen sich auf den Balkons. Sie stehen in den Glasveranden an der Wandtafel. Sie üben Chorgesang und Zitherspiel. Die Ältesten machen in der Gaststube das schriftliche und mündliche Schlußexamen. Der Direktorin wird nachgesagt, daß sie eiserne Disziplin halte, zu den ›alten Kämpfern‹ und zum engsten Freundeskreis des Tiroler Gauleiters Hofer gehöre und daß sie nahezu nichts unversucht gelassen habe, die Einquartierung der Berliner Filmleute zu hintertreiben. Daß ihr das mißlungen sei, habe sie erst recht zu unserer Feindin gemacht. Was wird sie tun? Wird sie in Innsbruck Lärm schlagen? Oder in Bozen, wo sich Hofer neuerdings aufzuhalten pflegt?

Heute mittag hatten wir, bei strahlendem Sonnenschein, Alarm. Da das Elektrizitätswerk gerade Strom sparte, rannte ein Mann mit einer jaulenden Handsirene, einer Art Kinderspielzeug, durch die Straßen und jagte, wie ein vom Blutrausch besessener Amokläufer, die erstaunten Berliner in die umliegenden Hausflure. Viele traten nur, wie bei einem Platzregen, unter die vorspringenden Dächer. Und kaum war er um die Ecke, standen sie wieder mitten auf der Straße. Wenige Minuten später tauchten, im Süden, kleinere Bomberverbände über den Schneebergen auf und flogen, blitzend und in Paradeformation, am blauen Himmel über unsere Köpfe hinweg. Die Berliner unterhielten sich, als alte Routiniers, über englische und amerikanische Bombertypen. Aus weiter Ferne hörten wir Detonationen. Da die deutschen Truppen in Norditalien zurückgehen, bombardiert man planmäßig die Brücken über den Inn und wichtige Eisenbahnknotenpunkte wie Wörgl.

Während wir auf der Straße herumstanden, erzählte uns eine Frau von Spiegel aus Frankfurt an der Oder, was sie dort während ihrer Hilfstätigkeit bei der ›Volksopfer‹ genannten Kleidersammlung erlebt hat. Diese Sammlung für Flüchtlinge und Ausgebombte war sehr ergiebig gewesen. Die Bevölkerung hatte tief in die Schränke gegriffen, und die Magazine und Turnhallen hatten sich keineswegs mit Schund und Lumpen, sondern mit noch recht ansehnlichen Mänteln, Anzügen und Kleidern gefüllt. Es wäre ein leichtes gewesen, die abgerissenen Kreaturen in den Durchgangslagern menschenwürdig herzurichten und dadurch ihren Lebensmut zu festigen. Doch bevor die Sachen verschickt und verteilt wurden, griffen die Amtsleiter und andere Schildbürger ein und machten die Aktion zur Farce. Sie zerstörten den Sinn durch Ordnung. Man scheute keine Mühe. Die Anzüge, zum Beispiel, ließ man säuberlich sortieren und die Hosen, Jakketts und Westen getrennt stapeln, und bereits mit dieser Maßnahme war der Plan ruiniert. Denn jetzt konnte man den zahlreichen Verteilungsstellen zwar Waggons und Lastwagen mit Hosen, Jacketts und Westen schicken, aber keinem Bedürftigen einen kompletten Anzug. Diesem Narrenstreich folgte der zweite. Die Kleidungsstücke wurden samt und sonders, unter Inanspruchnahme vieler weiblicher Hilfskräfte, geplättet und gebügelt und anschließend, um das Transportvolumen zu vermindern, in riesige Säcke gestampft. Schilda an der Oder!

Unter den Flüchtlingen, die in Mayrhofen Fuß gefaßt haben, befinden sich nicht wenige Standespersonen. Die Frau Wirtin der ›Neuen Post‹ verköstigt Barone, Baronessen, Gräfinnen, Grafen, ja sogar Fürsten in einem Extrazimmer, und sie zeigt sich außerordentlich ungehalten, wenn ein bürgerliches Subjekt, da es sonst keinen freien Stuhl findet, an einer der Ahnentafeln Platz nimmt.

Mayrhofen, 25. März 1945

Als wir gestern abend bei Steiners in der Wohnstube saßen, kamen der Bürgermeister und der Ortsgruppenleiter ins Haus. Der Ortsgruppenleiter blickte ins Zimmer und winkte Viktl, der Tochter, mit dem Kopf. Sie lief in den Flur und fing plötzlich an, fistelhoch und auf ein und demselben Ton, wie ein Hund zu heulen. Da hielt die Mutter, die starr auf dem Sofa gesessen hatte, die Hand vors Gesicht, als wolle sie einen Schlag abwehren. Dann murmelte sie: »Hansl, mein Hanseli!« und nun begann auch sie, wie ein Tier aufzuheulen.

Wir traten vor die Haustür und hörten die Frauen schreien. Mit Weinen hatte ihre Klage nichts zu tun. Es klang gräßlich und wie in einer Irrenanstalt. Was geschehen war, bedurfte keiner Erklärung. Steiners zweiter und letzter Sohn war gefallen.

Was dann folgte, weiß ich nur vom Hörensagen. Der Vater erlitt einen Herzanfall. Die Mutter riß das Hitlerbild von der Wand. Sie wollte es zertreten und in den Garten hinauswerfen. Später machte sie zweimal den Versuch, durch die Hintertür in die Nacht zu rennen. Beide Male wurde sie gepackt und zurückgehalten.

Heute früh hing das Hitlerbild wieder an der Wand. Und vor Hansl Steiners schwarzumrahmter Fotografie, nicht weit von der des Bruders, stand ein Teller mit Gebackenem. Der Schmerz der, wie man so sagt, einfachen Leute ist komplizierter als unsere Art zu trauern. Er ist reichhaltiger. Er wird, ohne daß es ihn minderte, durch realistische Klagen ungescheut ergänzt. »Deswegen hat man sie mit soviel Mühe und Kosten aufgezogen!« heißt es unter Tränen. »Nun sind wir wieder ganz allein«, sagt die Mutter. Und der Vater klagt: »Jetzt hilft mir keiner mehr bei der Arbeit auf der Alm!« Auch dieser Kummer ist tief und echt und herzzerreißend.

Der Wehrmachtsbericht meldet schwere Panzerverluste der Russen bei Küstrin, einen Terrorangriff bei Tag auf Berlin und den Absprung feindlicher Fallschirmregimenter hinter unserer Westfront. Das wichtigste Gesprächsthema ist das Gerücht, daß wir demnächst noch weniger Brot zugeteilt erhielten als bisher. Die Besorgnis ist, trotz Butter und Käse, nicht unverständlich. Wer es nicht am eignen Leib erlebt, wird es nicht glauben.

Mayrhofen, 26. März 1945

Die Augen der alten Steiners sind vom Weinen rot, und die Augenränder sind vom Salz der Tränen so entzündet, daß Lotte aus dem Rucksack eine Tube mit Wundsalbe hervorgekramt hat. Die beiden sitzen erschöpft auf dem Sofa, haben leere Gesichter und starren aus fettverklebten Augen vor sich hin.

Mayrhofen, 28. März 1945

Die Amerikaner sind in wenigen Tagen vom Rhein bis nach Gießen, Limburg, Würzburg und in den Spessart durchgebrochen. Der Rundfunk hat die Ereignisse nicht erläutert, sondern nur mitgeteilt. Immerhin liegt der Schluß nahe, daß ganze Armeekorps den Kampf eingestellt und sich ergeben haben.

Die Hörer werden davor gewarnt, dem Sender Frankfurt am Main Glauben zu schenken. Der Feind gäbe eigne Meinungen als Ansichten deutscher Heer- und Parteiprominenz aus. An den Verlautbarungen sei kein wahres Wort. (Eine etwas umständliche Methode, uns mitzuteilen, daß Frankfurt am Main von den Engländern besetzt worden ist.)

Mayrhofen, 3. April 1945

Die Russen stehen in Baden bei Wien und in Danzig, die Engländer in Bielefeld, Kassel und Heidelberg sowie vor Würzburg und Eisenach. Auch der Fall Frankfurts am Main wurde, diesmal unverblümt, zugegeben.

Der Krieg im Äther wird zum Guerillakrieg, unübersichtlich und täglich rüder. Die Eroberer greifen auf deutschen Wellen und in deutscher Sprache in den Kampf ein. Und seit vorgestern stemmt sich der Wehrwolf-Sender gegen den nahenden Untergang. Er scheut vor keiner Hetzparole zurück. Er stempelt Kinder zu Helden, weil sie Handgranaten aus den Fenstern geworfen haben. Und auch den deutschen Frauen und Mädchen sind ehrenvolle Fensterplätze zugedacht. Man fordert sie, auf Betreiben Himmlers und übrigens auch in den Zeitungen, zum Heroismus auf und empfiehlt ihnen, die einmarschierenden Feinde mit kochendem Wasser zu begießen. Man kommentiert den Vorschlag einer russischen Krankenschwester, stramme deutsche Mädchen zu sowjetischen ›Staatsmüttern‹ zu machen, mit der Bemerkung, sie seien ›als Matratzen für die russischen Untiere‹ vorgesehen. Diesen Kommentar hörten wir im Gasthof ›Neuhaus‹ gemeinsam mit einer Schar halbflügger Seminaristinnen. Sie saßen rund um den Radioapparat und kicherten, als läse ihnen, nachts im Schlafsaal, ein nackter Mann aus ›Josefine Mutzenbacher‹ vor.

Sehr stolz ist man darauf, daß man in Aachen den Bürgermeister meuchlings umgelegt hat, weil er mit der Besatzungsbehörde verhandelte. Was sonst hätte er denn, zum Nutzen der Bevölkerung, tun sollen? Hätte er den Schulkindern Handgranaten und den Frauen Eimer für heißes Wasser zuteilen sollen? Die Ludendorffs verlieren unsere Kriege, und die Erzbergers verlieren ihr Leben.

Mayrhofen, 7. April 1945

Gestern früh humpelte der alte Gemeindediener von Haus zu Haus und stellte, gegen persönliche Unterschrift, jedem männlichen Mitglied der Ufa-Expedition die amtliche Aufforderung zu, sich unverzüglich, nämlich heute, zu einem vierwöchigen Standschützenkursus nach Gossensaß zu begeben! Dem hinkenden Boten war an der Nasenspitze anzusehen, wie aufrichtig er sich über unsere langen Gesichter freute. Berliner, ob nun geborene oder gelernte, sind bekanntlich nicht leicht zu verblüffen, aber diesmal waren wir perplex, es läßt sich nicht leugnen. Daß man uns zum Teufel wünscht, haben wir vom ersten Tag an gespürt. Daß man es bei dem frommen Wunsch beließe, war nicht zu erwarten. Aber daß man so weit gehen würde, Berliner Filmhasen in Tiroler Standschützen umzuarbeiten, übertraf das Vermutbare.

Der Einfall verrät Phantasie und verdient Bewunderung. Er paart Bauernschläue mit dem Wunsch, uns zu provozieren. Es ist ein Schuß aus dem Hinterhalt, doch mit einem Schuß Courage. Denn wenn man uns in Kasernen hinterm Brenner schickt, ärgert man nicht nur ein paar Dutzend Berliner, sondern auch deren Auftraggeber, den Schutzherrn des deutschen Films, und das ist immerhin der Reichspropagandaminister. Glaubt man hier oben allen

Ernstes, daß wir, ohne uns zu wehren, die Zahnbürsten einpacken und uns in Gossensaß ›zur Stelle melden‹ werden? So schnell, meine Herren Tiroler, schießen die Preußen nicht!

Eberhard fuhr mit Harald Braun und Uli Haupt umgehend nach Schwaz. Dort sprachen sie mit dem Landrat und mit dem Kreisleiter. Und von dort aus telefonierten sie, da der Gauleiter in Bozen weilte, mit dessen Stellvertreter in Innsbruck. Es ging ihnen zunächst um Zeitgewinn. Man könne, erklärten sie, die kostbaren Filmapparate, für die das Team die Verantwortung trage, nur dann im Stich lassen, wenn die Gauleitung, schriftlich und sachlich, die Verantwortung übernähme. Das Resultat? Drei Tage Aufschub.

Das ist besser als nichts. Die Apparaturen sollen bis dahin sachgemäß verpackt und in Obhut gegeben werden. Eberhard ist, von Schwaz aus, sofort nach München weitergefahren, um mit Berlin zu telefonieren. Daß sich Goebbels den Tiroler Fußtritt mitten in sein Prestige gefallen lassen wird, ist unwahrscheinlich. Es dreht sich nur darum, ob die Telefonverbindung zwischen München und Berlin noch funktioniert. In drei Tagen werden wir's wissen. Es geht zu wie in Schillers ›Bürgschaft‹.

Den Gesprächen zwischen unseren Berlinern läßt sich jedenfalls entnehmen, daß sie nicht im Traum daran denken, unfreiwillige Tiroler zu werden. Lieber wollen sie hier, statt einzurücken, bei Nacht und Nebel ausrükken und versuchen, sich nach Berlin durchzuschlagen. Einer der Handwerker sagte entrüstet: »Wat denn! Wir als Wacht am Rhein, und ausjerechnet am Brenner? Det wär ja noch scheener! Volkssturm und keene Jewehre, det jibt et ooch in Halensee!«

Seit Tagen treffen Wiener Flüchtlinge ein. Preßburg und Wiener Neustadt sind in russischer Hand. In einzelnen Wiener Vorstädten werde noch gekämpft. Baldur von Schirach sei getürmt, aber unterwegs verhaftet worden. Und Himmler befinde sich an der Schweizer Grenze, um die dort angestaute Parteiprominenz festnehmen zu lassen.

Mayrhofen, 8. April 1945

Eberhard ist noch nicht zurück. Uli Haupt hat sich nach Kitzbühel aufgemacht. Er kennt, wohl vom Wintersport her, den dortigen Kreisleiter und wird versuchen, ihm solange um den Bart zu gehen, bis der Mann bei seinen Kumpanen in Innsbruck interveniert. In der Not frißt der Teufel Fliegen.

Auch Harald Braun war nicht müßig. Gestern abend startete er im hiesigen Kino die Welt-Uraufführung des Films ›Via Mala‹, et tout le village était présent. Denn die Außenaufnahmen wurden im Vorjahr in und bei Mayrhofen gedreht, und so mancher Einwohner hatte, gegen ein kleines Entgelt, als Komparse mitgewirkt. Nun war man gekommen, um das Dorf, die Gegend und sich selber auf der Leinwand wiederzusehen. Das bot Harald Braun die Gelegenheit zu einer festlichen Ansprache. Er entpuppte sich als Minnesänger des Zillertals. Er pries die malerische Landschaft und die kunstsinnige Bevölkerung, das fürstliche Wohlwollen des Bürgermeisters, der Hoteliers und sogar des Ortsgruppenleiters. Er überschüttete das knorrige Auditorium mit Superlativen, daß differenziertere Menschen daran erstickt wären. Er schlug sie mit seiner Schlagsahne halbtot, und sie blühten auf. Die Rede war eine Meisterleistung, und wir wußten nicht, wo wir, ohne die Stimmung zu beeinträchtigen, hinsehen sollten.

Brauns hymnische Variationen über das Thema ›O du mein Zillertal!‹ werden nicht vergeblich erklungen sein. Umso weniger, als man, nach neuesten Informationen, sowieso etwas kürzer tritt. Wir sollen uns am Dienstag in Schwaz melden und dort zunächst einmal, auf unsere kriegerische Tauglichkeit hin, ärztlich untersuchen lassen. Das klingt schon ein wenig manierlicher.

Die Amerikaner stehen in Hildesheim und Crailsheim. Die Russen in den Wiener Vorstädten und in St. Pölten. Unsere Flieger haben gestern, laut Wehrmachtsbericht, über Norddeutschland ›eine Menge‹ feindlicher Flieger abgeschossen.

Noch im 18. Jahrhundert fanden die Kriege nur im Sommer statt. In der härteren Jahreszeit bezog man Winterlager und verschob die Fortsetzung aufs Frühjahr. Es waren Saisonkriege. Im 19. Jahrhundert nahm man auf die Jahreszeiten keine Rücksicht mehr. Die räumliche Begrenzung erwies sich als dauerhafter. Der Vernichtungskampf beschränkte sich, bis in den Ersten Weltkrieg hinein, auf die jeweilige Frontlinie und das nächstliegende Hinterland. Es waren Frontkriege. Auch diese Einschränkung ist beseitigt worden. Flugzeuge und weittragende Geschosse haben den Begriff der Front ausgelöscht.

Der jetzige Krieg findet immer und überall statt. Zu den Opfern der Schlachten haben sich die Schlachtopfer gesellt. Es gibt keine Zivilpersonen mehr. Noch der Säugling ist ein unbewaffneter Soldat. Und zahllose

Fronturlauber, die während schwerer Luftangriffe, wehrlos wie ihre Frauen und Kinder, in den Kellern der Großstädte das Lotteriespiel über ihren Köpfen, die Große Ziehung, abwarten mußten, hatten nur einen Wunsch: ›Hinaus, und zurück zur Truppe!‹ Der moderne Krieg, diese letzte Errungenschaft des 20. Jahrhunderts, heißt: Der totale Krieg.

Auch nach einem totalen Krieg gibt es Sieger und Besiegte. Und der Sieger wird, wie in alten Zeiten, Forderungen stellen. Ich sehe von Zusicherungen ideeller Art ab und denke an ökonomische Ansprüche, nachträgliche Kontributionen, wirtschaftlichen Schadenersatz. Woran kann sich, nach einem solchen Schlachtfest, der nominelle und sogar moralische Sieger schadlos halten?

Roosevelt hat, las ich, ausdrücklich erklärt, daß die Vereinigten Staaten diesmal nicht an pekuniäre Leistungen dächten. Er hat also die Zeit nach 1918 nicht vergessen. Geld kann man vom Besiegten nur dann eintreiben, wenn man es ihm, unter welchen Klauseln auch immer, zunächst einmal borgt. Das ist ein schlechtes Geschäft. Der amerikanische Präsident hat mitgeteilt, er denke an Sachlieferungen, und damit kann er eigentlich nur die Ratenzahlung von Rohstoffen wie Kohle und Eisen meinen. Er hat die Zeit nach 1918 also doch vergessen. Weswegen kam es denn damals in den englischen Kohlenrevieren zu Aussperrungen und Streiks, zu Lohndruck, Arbeitslosigkeit und Notstand? Wegen der deutschen Reparationskohle!

Was außer Geld, das uns der Sieger erst leihen müßte, und außer Rohstoffen, die er selber besitzt und abbauen muß, können wir ihm bieten? Billige Arbeitskräfte? Er wird sich hüten. Denn er muß seine eignen Rüstungsarbeiter und die heimkehrenden Armeen in die langsam anlaufende normale Wirtschaft zurückgliedern! Sollen sie sich, als arbeitslose Paschas, an deutschen Gratiskohlen wärmen, während deutsche Importarbeiter die amerikanischen Hochöfen anblasen und deutsches Eisen verhütten?

Außerdem heißt die Frage ja nicht nur: Was kann man dem Besiegten, ohne die nationale Wirtschaft zu gefährden, wegnehmen? Sie lautet zugleich: Was muß man ihm, wenn die internationale Wirtschaft funktionieren soll, lassen? Einen totalen Krieg zu gewinnen, ist schwer genug. Den Frieden zu gewinnen, dürfte noch viel schwieriger sein. Der Neugierde der Überlebenden sind keine Grenzen gesetzt.

Mayrhofen, 9. April 1945

Heute feiert Mama ihren 74. Geburtstag. Feiert? Ich möchte nicht wissen, wie ihr zumute ist. Und ich brauche es nicht zu wissen. Denn ich weiß es.

Gestern abend kursierte das Gerücht, wir brauchten, falls keine neuen Weisungen einträfen, am Dienstag nicht nach Schwaz zu fahren. Die ärztliche Untersuchung werde neu anberaumt. Heute mittag hieß es gar, die gesamte Einberufung beruhe auf einem Versehen. Der Tiroler Gauleiter Hofer, von Haus aus Radiohändler, nebenberuflich oberster General der Standschützen, habe mitteilen lassen, das Ufa-Team unterstünde nach wie vor dem ›Berliner Gauleiter‹! Man habe sich geradezu entschuldigt! Wer sich bei wem entschuldigt haben soll oder könnte, weiß kein Mensch. Gerüchte sind zollfrei. Und Skepsis bleibt wärmstens anempfohlen.

Sollte an den Gerüchten etwas Wahres sein, bliebe noch ungewiß, wem wir die Protektion zu verdanken haben. Harald Brauns Regieassistent behauptet, der Wohltäter sei Harald Brauns Regieassistent. Warum auch nicht? Der hoffnungsvolle junge Mann kennt eine hoffnungsvolle junge Dame, die den Herrn Gauhauptmann kennt, der, logischerweise, den Herrn Gauleiter kennt. So könnte unser Fall zwischen der jungen Dame, die der Regieassistent kennt, und dem Gauhauptmann, der die junge Dame kennt, besprochen worden sein, und dieser könnte seine Kenntnisse dem Gauleiter, den er kennt, zur Kenntnis gebracht haben! Vielleicht. Es wäre nicht das erste Mal, daß hoffnungsvolle junge Damen auf zornige Tyrannen mäßigend eingewirkt hätten. Warum nicht in Tirol? Uns wäre es recht. Der Zweck heiligt die Mittel. Auch die Schlafmittel.

Heute waren wir mit Rauter, dem Architekten, ein paar Stunden über Land. Er führte uns durch einige Dörfer und Häuser und erläuterte den Zillertaler Stil an markanten Beispielen. Auffällig ist, daß die Bauern Wohnhaus, Stall, Scheune und Backofen voneinander getrennt und in einem ungeordneten Haufen errichten und daß ihr ›Gärtchen‹ irgendwo mitten in der Wiese, eingezäunt, herumsteht, halbverloren und wie vergessen. Es gibt noch Küchen mit offenen Feuerstellen, und das Rauchfleisch und der Speck hängen dutzendweise an der Decke. Eigentümlich, und lustig dazu, wirkte in einer der Kammern, genau überm Ehebett, eine Schiebeklappe, die der Kommunikation mit der Kammer darüber dient, dem Schlafraum der Alten.

Das Mobiliar ist geringfügig und der Stil, etwa mit dem des Montafon verglichen, dürftig. Doch auch diese künstlerisch unbeträchtlichen Bauernmöbel haben die Aufkäufer den Besitzern abgegaunert. Sie kamen mit Lastwagen voller fabrikneuer Schundschränke, Tische, Stühle und Kommoden auf die Höfe, ließen das moderne Gerümpel hier und fuhren mit den alten Bauernmöbeln auf und davon. Das Ärgste ist, daß der miserable Tausch die Bauern glücklich machte. Sie fühlten sich nicht begaunert, sondern bereichert.

Eine amerikanische Armee marschiert, vom Rhein her, die Weser aufwärts und scheint Bremen anzusteuern. In einem Salzbergwerk bei Mühlhausen in Thüringen sollen die Amerikaner, heißt es, den deutschen Goldschatz gefunden haben. Und in Wien, wo gekämpft wird, sei Sepp Dietrich ermordet worden. Seit Freitag ist aus Berlin keine Post eingetroffen. Das ist kein Gerücht.

Mayrhofen, 11. April 1945

Gestern kam der Ortsgruppenleiter, Niederwieser heißt der Mann, mit einem Gendarmen bewaffnet zu Kyrath und erklärte, er habe aus Schwaz den dienstlichen Auftrag erhalten, uns alle zu verhaften, weil wir nicht zur Musterung erschienen seien. Auch am Abend vorher hatte ihn die Kreisleitung mit einem Auftrag versehen. Er möge sich, früh um 5 Uhr, zum Bahnhof verfügen und nachschauen, ob die Berliner auch ganz gewiß in die Kleinbahn stiegen. Niederwieser war, samt seinem Gendarmen, sehr aufgeregt. Kyrath, dessen Schwerhörigkeit, trotz Hörapparat, Unterhaltungen sehr spannend gestaltet, gelang es, die beiden bis zu einem gewissen Grade davon zu überzeugen, daß der Befehl, uns einzusperren, auf einem Irrtum beruhen müsse. Es könne sich nur um eine mangelhafte Verständigung zwischen Gau- und Kreisleitung handeln. Die Angst, es mit der Gauleitung zu verderben, machte den Ortsgruppenleiter wankelmütig. Er will sich in Innsbruck erkundigen. Und so sitzen wir noch nicht hinter Tiroler Gardinen. ›In den Bergen ist Freiheit.‹ Büchmann weiß alles.

Ich beschäftige mich wieder einmal mit Nietzsche, anhand zweier Kröner-Auswahlbände. ›Dem bösen Menschen das gute Gewissen zurückgeben – ist das mein unwillkürliches Bemühen gewesen? Und zwar dem bösen Menschen, insofern er der starke Mensch ist?‹ Welch unheimliche Frage Nietzsches an sich selbst, und fast schon die Antwort!

Die genauere Antwort, so unheimlich wie seine Frage, hat nun die Geschichte erteilt, und er kann von Glück sagen, daß er sie nicht mehr hören mußte. Hätte er, wie seine literarischen Nachbeter und Nachtreter, die Stirn, von einem schauderhaften Mißverständnis zu reden? Niemals. Er wüßte, daß zum Mißverständnis zwei gehören, nicht nur der Mißverstehende, sondern auch der Mißverstandene. Er wüßte es, und er wußte es. Sonst hätte er sich nicht jene schreckliche Frage gestellt.

Indem er die großen Verbrecher der Geschichte verherrlichte, spornte er die kleinen Schurken und Schufte der Zukunft an, große Verbrecher zu werden. Er redete ihnen nicht nur ihr schlechtes Gewissen aus. Er riet ihnen nicht nur, die Stimme des Gewissens für Aberglauben und Bauchrednerei zu halten. Sondern er gab ihnen ›das gute Gewissen zurück‹. Der Weg zur Macht, den er pries, verlief keineswegs, ›jenseits von Gut und Böse‹, im moralischen Niemandsland. Er ernannte das Böse zum Guten!

Der Pastorensohn konnte nicht ohne Kirche leben. Er ließ das Gebäude stehen, wechselte die Altardecken und ersetzte Christus durch Cesare Borgia. Der ›gemäßigte‹ Mensch erschien ihm ›mittelmäßig‹. Er mußte anbeten, und so betete er das ›blühende Tier‹ an. Es genügte ihm nicht, die alten falschen Gesetzestafeln (›Jeder jedermanns Krankenpfleger!‹) mit dem Hammer seiner Sprache zu zertrümmern. ›Zwei Jahrtausende beinahe und nicht ein einziger neuer Gott!‹ rief er aus und schuf neue falsche Tafeln. Er erhob Darwins Zoologie zur Religion. Er war kein Philosoph, sondern ein Konvertit. ›Es wird Kriege geben, wie es noch keine gab. Erst von mir an gibt es auf Erden große Politik.‹ Ruhelos wie eine Nymphomanin schrie er nach Barbaren. ›Ich bin bei weitem der furchtbarste Mensch, den es bisher gegeben hat.‹ Daß Nietzsche krank war, ist sein Verhängnis. Uns wurde zum Verhängnis, daß Bücher anstecken können.

Mayrhofen, 12. April 1945

Gestern hat, in Schwaz, eine Rücksprache mit dem Kreisleiter stattgefunden. Das Ergebnis läßt sich hören. Man will uns weder ins Gefängnis sperren noch in Uniformen stecken. Stattdessen sollen wir, vorzüglich an Regentagen, den Einwohnern bei der Feldbestellung helfen. Und warum, wenn es regnet? Weil man dann nicht filmen kann. Es grenzt an Courtoisie. Außerdem will man, mit Hilfe unserer Schauspieler, in den umliegenden Lazaretten Unterhaltungsabende organisieren, an denen auch Willi Birgel aus Kitzbühel und Hans Moser aus Zell am Ziller mitwirken werden. O wie gut, daß niemand weiß, daß ich Rumpelstilzchen heiß!

Königsberg ist gefallen. Der Kommandant ist zum Tode verurteilt worden, weil er seine ›Festung‹ ohne Genehmigung des Oberkommandos der Wehrmacht übergeben hat. Im Anschluß an den Wehrmachtsbericht wurde allen Kommandanten noch nicht in Feindeshand befindlicher Städte bei Todesstrafe untersagt, ohne ausdrückliche Ermächtigung des Oberkommandos zu kapitulieren. Sonst? Die amerikanischen Panzer stehen in Braunschweig, belagern Erfurt und stoßen ›südöstlich von Würzburg‹ vor. In Wien wird am Donaukanal gekämpft. Im hiesigen Postamt sind heute weder Briefschaften noch Zeitungen eingetroffen.

Mayrhofen, 17. April 1945

Roosevelt ist tot. Er starb, während er porträtiert wurde, an einem Gehirnschlag. Er starb am 12. April. Am Donnerstag. (Nicht am Freitag, dem Dreizehnten.)

Der Gauleiter Hofer, wird gemunkelt, sei in Bozen bei einem Attentat leicht verwundet worden. Und der Pistolenschütze stamme aus Hofers Gefolge.

Die Elbe ist bei Magdeburg und Wittenberge überschritten worden. Die fragile Wespentaille zwischen Nord- und Süddeutschland wird von zwei kräftigen Händen umspannt, einer amerikanischen Hand und einer russischen. Die Engländer marschieren auf Hamburg. Bremen wird belagert. Sonst? In Halle an der Saale wird gekämpft. Panzerspitzen nähern sich Chemnitz. Wien scheint gefallen zu sein.

Täglich tauchen Lastautos und Postomnibusse mit Flüchtlingen auf. Alle wollen bleiben. Alle werden weitergeschickt. Mayrhofen ist überfüllt. Die Gemeinde erteilt keine Aufenthaltsgenehmigungen mehr, es sei denn... Es sei denn, man wäre ein ungarischer Großindustrieller, womöglich der Bruder eines Horthy-Ministers, zöge zehntausend Reichsmark aus der Westentasche und fragte den Bürgermeister leichthin, ob der Betrag genüge. Die Gemeindekasse tat einen Luftsprung, und der splendide Herr mit dem schönen grauen Vollbart durfte, samt Familie, bleiben. Die Familie besteht aus einer Tochter, einer Schwiegertochter, einem Sohn und einem Schwiegersohn.

Beim Anblick der fünf aus Budapest käme man, wenn man es nicht wüßte, nie auf den Gedanken, daß sie, um bleiben zu dürfen, auch noch Eintritt bezahlt haben. Man dächte viel eher, so unzeitgemäß die Vermutung wäre, daß sie der Verschönerungsverein von Mayrhofen für teures Geld zum Bleiben bewogen habe!

Seit sie hiersind, hat sich der Ort verändert. Die zwei Frauen sind schön, elegant, dezent und so gepflegt, als gingen sie täglich zu Antoine. Die jungen Herren sind, in Manier und Kleidung, Männer von Welt. Beim Anblick ihrer Chaussure stöhnte mein letztes Paar Jakoby-Schuhe, aus klaffenden Sohlen, gequält auf. Und der Alte mit dem imposanten Barte hieß schon am zweiten Tag ›der Patriarch‹. Fünf Menschen haben, ohne es zu wollen, das Dorf verwandelt. In der Luft schwebt ein Hauch Parfüm. In ein paar hundert müdgewordnen Augen zwinkert Wohlgefallen. Erinnerungen an versunkene und verschüttete Zeiten werden wach und räkeln sich. Luxus, Eleganz, Komfort, Kosmetik, Fluidum, lauter Fremdwörter und lauter Plusquamperfekta! Die ungarische Familie scheint aus einem Märchenbuch zu stammen, das verbrannt ist. ›Es war einmal‹ stand auf dem Umschlag. Märchenhaft und doch ganz und gar lebendig spazieren die fünf an uns vorüber. Wir bleiben stehen, es geht nicht anders, und blicken ihnen nach. Sind wir in der Rue St. Honoré oder an der Place Vendôme? Gehen sie ins Ritz? Wir müssen lächeln. Paris liegt in der Luft. Paris liegt am Ziller.

Der Patriarch sitzt täglich etliche Stunden im ›idyllisch gelegenen‹ Waldcafé, hat eine auffällig altmodische Kladde vor sich liegen und rechnet. Wenn er nachdenkt, streicht er sich den soignierten Bart. Worüber denkt er nach? Was bedeuten seine Zahlenkolonnen? Addiert er das Familienvermögen? Die im Koffer mitgebrachten Banknoten, den Schmuck in den Kassetten und den Saldo der Konten in Zürich, London und New York? Wie viele Millionen hat er denn nun beisammen, der Bruder des ungarischen Kriegsministers?

Die Kellnerin hat mir erzählt, was er tut. Er studiert Baupläne und berechnet Baukosten. Sobald der Krieg vorüber sein wird, will er, rundum in Westeuropa, Dutzende von Ferienhotels bauen lassen! Nicht etwa Luxuskästen und Prunkpaläste, deren Zeit vorbei ist und die nur von Bankkonsortien vorm Sterben bewahrt werden, sondern ökonomisch lebensfähige Kettenhotels, im gleichen DIN-Format, bis zur Balkonbreite, Tapete und Nachttischlampe genormt. Seine Hotels an der Riviera, in Kent, Interlaken, Ostende, Deauville, Marienlyst, Amalfi, Ischl, Garmisch, Hintertux und, meinetwegen, am Nordpol werden sich gleichen wie ein Ei dem andern. Wer in einem gewohnt hat, wird sie alle kennen. Und wer mit dem ersten zufrieden war, frequentiert das nächste und fernste. Er braucht nur die Landschaft und die Valuta zu wechseln. Jedes Jahr woanders, und immer im gleichen Hotel!

Da sitzt er nun also, der steinreiche Flüchtling, streicht sich den Bart und träumt in Zahlen. Kostenvoranschläge, Devisenkurse und Rentabilitätsquoten defilieren hinter seiner Stirn. Zinsfüße tanzen Spitze. Die Phantasielosigkeit künftiger Touristen beflügelt seine Phantasie. Er schreibt Zahlen, als wären es Verse. Seine Hotels reimen sich. Und wenn ihn die zwei schönen Frauen abholen, erhebt er sich, um ihnen die Hand zu küssen. Er ist mit der Welt zufrieden. Er wird auf ihren Trümmern Hotels bauen.

Im Waldcafé kann man auch wesentlich ärmere Flüchtlinge besichtigen, seit gestern beispielsweise zwei blutjunge Wehrmachtshelferinnen, die nicht wissen, wohin sie gehören und was sie anfangen sollen. Der Herr Stabsfeldwebel hat jeder hundert Mark in die Patschhand gedrückt und feierlich erklärt, sie sollten gehen, man brauche sie nicht mehr. Hätte man sie vor Wochen fortgeschickt, wären sie noch bis nach Hause gekommen. Jetzt sind der Heimweg und die Heimkehr zu den Eltern abgeschnitten. Jetzt stehen sie, in ihren Wehrmachtskleidchen, mit hundert Mark und verweinten Augen, ratlos in der Gegend. Der Cafetier wird sie ein paar Tage durchfüttern. Dann müssen sie weiter. Werden sie sehr vielen gutmütigen Cafetiers begegnen? Es widerspräche der statistischen Erwartung. Erst hat man sie den Eltern weggenommen und in Uniform gesteckt. Und jetzt schickt man sie auf die Straße.

Vorhin ist Post eingetroffen, darunter, vom 7. April datiert, Mamas erster Brief an mich nach Mayrhofen, wahrscheinlich via Prag, denn die anderen Verbindungen sind ja unterbrochen. Elfriede Mechnig schreibt, unterm 4. April, aus Berlin, die Ernährung bereite täglich mehr und mehr Kopfzerbrechen, der Gasdruck sei zu niedrig und das Wasser müsse, z. B. vielerorts in Charlottenburg, am Brunnen geholt und wegen drohender Seuchengefahr abgekocht werden. Der stellvertretende Gauleiter habe alle Personen, die entbehrlich seien, vor allem Mütter und Kinder, dringend aufgefordert, die Reichshauptstadt zu verlassen. Und wo sollen sie hin? Wie die zwei Wehrmachtshelferinnen auf die Straße? Die Reichsstudentenführung habe man en bloc nach Salzburg transportiert, wo ja Herr Scheel, der Reichsstudentenführer, schon lange vorher Quartier bezogen hat. Und sonst? Es werde für den Eintritt in ein Adolf Hitler-Freikorps geworben!

Mayrhofen, 18. April 1945

Gestern erschien in der Zeitung ein Tagesbefehl Hitlers ›An die Soldaten der deutschen Ostfront!‹ Was soll die Truppe mit dem Quodlibet anfangen? Das Argument gegen die Niederlage erinnert an Christian Morgensterns Herrn von Korff, der seinen Verkehrsunfall bestreitet, ›weil nicht sein kann, was nicht sein darf‹. Solche Aussprüche mögen den behandelnden Arzt interessieren und den Krankheitsbericht bereichern. Als Parolen für die Front sind sie zumindest untauglich. Ich notiere ein paar Sätze. ›Der Bolschewist wird diesmal das alte Schicksal Asiens erleben, das heißt: Er muß und wird vor der Hauptstadt des Deutschen Reiches verbluten.‹ ›Wenn in diesen kommenden Tagen und Wochen jeder Soldat an der Ostfront seine Pflicht tut, wird der letzte Ansturm Asiens zerbrechen, genauso, wie am Ende auch der Einbruch unserer Gegner im Westen trotz allem scheitern wird.‹ ›Bildet eine verschworene Gemeinschaft zur

Verteidigung nicht des leeren Begriffes eines Vaterlandes, sondern zur Verteidigung unserer Heimat!‹ Was ist des Deutschen Vaterland? Ein leerer Begriff? Welch neue Instruktion in letzter Minute!

Genauso bedenklich mutet eine andere Instruktion an. ›Achtet vor allem auf die verräterischen Offiziere und Soldaten, die, um ihr erbärmliches Leben zu sichern, in russischem Sold, vielleicht sogar in deutscher Uniform, gegen uns kämpfen werden! Wer euch Befehle zum Rückzug gibt, ohne daß ihr ihn genau kennt, ist sofort festzunehmen und nötigenfalls augenblicklich umzulegen, ganz gleich, welchen Rang er besitzt!‹

Und zum Schluß noch ein Glaubensartikel: ›Im Augenblick, in dem das Schicksal den größten Kriegsverbrecher aller Zeiten von dieser Erde genommen hat, wird sich die Wende des Krieges entscheiden.‹ Mit dem ›größten Kriegsverbrecher aller Zeiten‹ ist Roosevelt gemeint.

Mayrhofen, 19. April 1945

Eberhard ist aus München zurück, hat Berlin telefonisch erreichen können und erhofft Rückendeckung, denn er traut dem Frieden nicht, und er hat gar nicht so unrecht. Die Seminardirektorin, der Ortsgruppenleiter und ihr Anhang haben die Anweisungen aus Innsbruck und Schwaz geschluckt, aber nicht verdaut. Man ignoriert uns, ›den Dolch im Gewande‹. Deshalb zog heute, denn die Sonne schien, die Ufa, mit den geschminkten Schauspielern an der Spitze, geschäftig durch den Ort, hinaus in die Landschaft, und drehte, was das Zeug hielt. Die Kamera surrte, die Silberblenden glänzten, der Regisseur befahl, die Schauspieler agierten, der Aufnahmeleiter tummelte sich, der Friseur überpuderte die Schminkgesichter, und die Dorfjugend staunte. Wie erstaunt wäre sie erst gewesen, wenn sie gewußt hätten, daß die Filmkassette der Kamera leer war! Rohfilm ist kostbar. Bluff genügt. Der Titel des Meisterwerks, ›Das verlorene Gesicht‹, ist noch hintergründiger, als ich dachte.

Obwohl wir hier oben, an Berlin gemessen, im toten Winkel leben, geht es bunt zu. Wir hören, daß im Südosten und Westen von Leipzig gekämpft wird, und wir spazieren durch den Bergfrühling. Flüchtlinge nächtigen in Heuböden, und der Patriarch aus Ungarn plant Kettenhotels. Wir pflücken auf dem Weg nach Lanersbach Blumensträuße fürs Herz und Brennesseln für den Magen. (Frische Brennesseln schmecken, gekocht, wie Spinat!) Die Damen schenken den Bäuerinnen Blusen mit Spitzen aus Valenciennes, und die Bäuerinnen schenken den Damen ein paar Brotmarken. Wir helfen dem Hauswirt, die Maikäfer aus den Bäumen zu schütteln und in den Ofen zu schaufeln, und kaum haben wir die Flugzeuge über unseren Köpfen gezählt, donnern im Inntal die Reihenwürfe. Wir drehen einen Film, der nicht gedreht wird, und rauchen zu viert an einer Zigarette, die nach Laub schmeckt. Das Neben- und Durcheinander wird zum Knäuel. Über den schizoiden Menschen ist viel geredet worden. Es wäre soweit, über die Schizophrenie der Ereignisse nachzudenken.

Die Zeit spielt mit ihrem Kaleidoskop. Sie hält es uns vors Auge und dreht es hin und her. Sie spielt mit ihrem Spielzeug, und sie spielt mit uns. Die bunten Glassplitter stürzen wahllos durcheinander. Die Unordnung überstürzt sich. Doch was geschieht? Wir sehen Muster. Wir erblicken Bilder. Der Unfug fügt sich. Echter Wirrwarr täuscht Komposition vor. Was geht da, im Anschein, vor sich? Beim Kaleidoskop aus dem Spielzeugladen wissen wir, warum. Es liegt an den Spiegeln, die den Wirrwarr reflektieren. Liegt es auch bei uns, angesichts der verwirrten und verworrenen Wirklichkeit, an der ›Reflexion‹?

Mayrhofen, 21. April 1945

In den letzten Tagen ist die Bahnstrecke Innsbruck–Salzburg wiederholt schwer bombardiert und durch Treffer unterbrochen worden. Wer auch nur nach Schwaz, dem Kreisstädtchen, hinuntermuß, um mit dem Landrat zu sprechen oder einer Vorladung des Wehrbezirkskommandos Folge zu leisten, weiß nicht, wie er's anstellen soll. Und er weiß es natürlich erst recht nicht, wenn er zwar kommen soll, aber nicht will.

Ein amtliches Telegramm aus Berlin hat Eberhard den Rücken gesteift. Es verweist erneut und nachdrücklich darauf, daß der Film in ministeriellem Auftrag gedreht wird, und kündigt an, daß Staatsrat Hans Hinkel demnächst bei der Bavaria-Film in München-Geiselgasteig erreichbar sein werde. Dieser zweite Teil der Depesche freut mich nicht sonderlich. Jetzt fehlt nur noch, daß Hinkel das Bedürfnis empfände, in Mayrhofen nach dem Rechten zu sehen! Er würde nicht wenig staunen, wenn er mich zu Gesicht bekäme. Und beim Staunen ließe er es wohl kaum bewenden. Dafür wäre, bei der Art unserer Bekanntschaft, kein Anlaß. Ich müßte mir vom Maskenbildner einen Schnurrbart kleben lassen oder mich auf Steiners Alm verkriechen. Doch auch dann fände er meinen Namen auf der Ufa-Liste!

Eberhard lacht über meine Sorgen, die ja auch seine Sorgen sein müßten. Hinkel, sagt er, werde nicht kommen. Und wenn er wider Erwarten käme, dürfte ihm, ohne langes Kopfzerbrechen, einleuchten, daß es für ihn, so kurz vor Torschluß, besser sei, mich nicht zu bemerken. Vermutlich werde er mich dieses Nichtbemerken sogar merken lassen, denn das könne ihm, eines Tages nach Torschluß, von bescheidnem Nutzen sein. Vielleicht hat Eberhard recht. Die Richter von heute sind die Angeklagten von morgen. Manche treibt das zum Äußersten. Andere macht es nachsichtig.

Die Amerikaner stehen vor Leipzig, die Russen vor Dresden, und Berlin ist isoliert, denn das Eisenbahnnetz wird aus der Luft laufend unterbrochen. Die Panzer vom Typ T 34 halten in Mahlsdorf und Buchholz, und unsere Tischler, Schlosser, Beleuchter und Requisiteure sitzen düster in den Tiroler Schenken. Sie haben Angst um ihre Angehörigen. Die letzte Post, die Mama zum Briefkasten am Neustädter Bahnhof getragen hat, ist vom 11. April datiert. Die letzte Post? Die letzte Post vor Kriegsende. Gestern war Hitlers 56. Geburtstag. Der letzte Geburtstag? Der letzte Geburtstag.

Das Konzentrationslager Buchenwald ist befreit worden, und der amerikanische General nötigte die Parteimitglieder der Goethestadt Weimar zu einem Lagerbesuch. Beim Anblick der halbverhungerten Insassen, der Verbrennungsöfen und der gestapelten Skelette seien, hieß es, viele Besucher ohnmächtig geworden.

Mayrhofen, 22. April 1945

Mehrere Berliner Stadtteile liegen unter russischem Artilleriefeuer. Vor Dresden halten die Russen bei Königsbrück. Das Haus Königsbrücker Straße 38 in Dresden-Neustadt wird also an ihrem Wege liegen, wenn sie einziehen. Die Phantasie, diese vielgepriesene Himmelsgabe, ist ein böses Geschenk.

Stuttgart ist besetzt worden. Andere Truppen sind, von Nürnberg aus, über vierzig Kilometer nach Süden vorgedrungen. Bei Ingolstadt hat man die Donau erreicht. Ob die Gerüchte von Feldmarschall Models Selbstmord zutreffen, ist ungewiß. Festzustehen scheint, daß er im Ruhrgebiet zwei feindliche Armeen solange gebunden hatte, bis sich seine Truppen, nicht zuletzt wegen ihres Mangels an Munition und Waffen, ergeben mußten. Der Mangel an Kriegsmaterial hat das Tempo des Zusammenbruchs offensichtlich an allen Fronten mitbestimmt.

Als Hitler das Oberkommando der Wehrmacht übernahm, gab er das Versprechen ab, daß es nie an Munition und Waffen fehlen werde. Als Soldat des Ersten Weltkrieges wisse er Bescheid. Deshalb sei ein ›1918‹ von vornherein ausgeschlossen. Das war ein großes Wort, und er sprach es gelassen aus, der größte Feldherr aller Zeiten. Der Weg vom Schwur zum Wortbruch war kurz. Als die Luftwaffe den Angriffskrieg und später die Verteidigung einstellen mußte, krähte der Hahn, der rote Hahn, zum ersten und zum zweiten Mal.

Eberhard müßte wieder nach München fahren. Das Geld für die Löhne und Diäten wird knapp, und nur die ›Bavaria‹ könnte ihm aushelfen. Das Benzin im Auto dürfte bis München ausreichen, und in P., bei Familie Weiß, stehen die Reservekanister. Wenn er nun aber den Amerikanern in die Hände fiele, was finge dann die Belegschaft an? Und was geschähe mit den Filmapparaturen, die er liebt und behütet, als gehörten sie nicht der Ufa, sondern ihm selber? So überlegt er hin und her. Auch die Gefangennahme böte Vorteile, und auch über diesen Punkt denkt er wahrscheinlich nach. Denn er hat längere Zeit als Bankangestellter in New York gelebt und käme, als deutscher Filmfachmann, den Amerikanern gewiß nicht ungelegen. Wer weiß, welches Abenteuer er vorziehen wird.

Mayrhofen, 26. April 1945

Gestern hatte, neben Babelsberg und Nauen, auch L. an der Havel seine historische Sekunde, als der Rundfunk meldete, die drei Ortschaften seien von den Russen besetzt worden. Wir saßen in Steiners Wohnstube, dachten bei Babelsberg an Lottes Möbel in Eberhards Wohnung, bei L. an der Havel an meine Bücherkisten in Karls Landhaus und erst recht an seine Frau und ihn selber. Sind sie rechtzeitig, mit ein paar tausend Anzügen und Mänteln, auf einem Kahn davongeschwommen? Oder haben sie den anderen Plan verwirklicht, die Freunde von der dänischen Gesandtschaft ins Haus genommen und deren Flagge am Gartentor aufgezogen, in der vagen Hoffnung, die einmarschierenden Russen nähmen darauf Rücksicht? Sollte Karl diesen Plan verfolgt und damit auch nur ein paar Stunden Zeit gewonnen haben, kann ich mir das übrige ausmalen. Dann nämlich sitzt er jetzt mit seinen Dänen und ein paar russischen Offizieren um den exterritorialen Tisch und traktiert die Freunde und die Eroberer mit Kognak, Genever und Himbeergeist. Womöglich steht schon ein russischer Soldat als Wachtposten am Tor, kaut westfälischen Schinken und behütet die Schwelle!

Eben meldet der Rundfunk, Pankow sei zurückerobert worden, in den Schächten der U-Bahn werde, sogar mit leichter Artillerie, gekämpft, und Goebbels habe, in einem Aufruf an die Berliner Bevölkerung, mit Lob und Zuversicht nicht gespart. Nicht einmal die Moskauer Zeitungen hätten, laut Goebbels, bestritten, daß der Widerstand Berlins ›ohne Beispiel in der Geschichte‹ sei. In und mit der Reichshauptstadt, hat er erklärt, verteidige man zugleich Deutschland und Europa. Ähnlich, nur noch schneidiger drückte sich neulich, in einer gespenstisch wirkenden Funkübertragung aus der nächtlichen ›Festung‹, ein Offizier aus, als er rief, man gedenke, ›auf den Trümmern Berlins die Fahne des neuen Europa aufzurichten‹! Die Kurzlebigkeit solcher Phrasen und Parolen ist bedenklich genug. Noch verfänglicher ist ihre Umkehrbarkeit. Denn wenn Europa mit Berlin steht, muß es, wenn die Stadt fällt, mitfallen. Entweder stimmt die Gleichung überhaupt nicht, oder sie stimmt immer. Warum nötigt man die Hörer, kurz vorm Fall Berlins, zu fatalen Schlußfolgerungen? Wozu ruft man, nun die Stadt verloren ist: ›Berlin verloren, alles verloren!‹? Hofft man, dadurch den Vormarsch der Amerikaner zu beschleunigen? Will man ihnen die moralische Schuld in die Marschstiefel schieben? Ein fruchtloser Versuch. Sie haben zu Stalin gesagt: ›Bitte, nach Ihnen!‹, und dabei wird es bleiben.

Hitler befindet sich in der Reichskanzlei und hat den Oberbefehl übernommen. Er repetiert an der Spree die

Belagerung Wiens. 1945 ist 1683, die Russen sind die Türken, er selber spielt den Starhemberg, und das Einzige, was ihm zum Gelingen der Inszenierung fehlt, ist der Polenkönig Johann Sobieski mit dem Entsatzheer. An solchen Kleinigkeiten kann eine Aufführung scheitern. Vor allem bei klassischen Stücken mit glücklichem Ausgang. Sie sind besonders schwer nachzuspielen.

Bei der Neueinstudierung historischer Trauerspiele war Hitler gelehriger und erfolgreicher. Vor allem bei einigen Napoleondramen. ›Die Kontinentalsperre‹, ›Die Landung in England‹ und ›Wende und Ende vor Moskau‹ hat er textgetreu inszeniert. Daß er die Stücke in modernem Kostüm spielen ließ und die Fortschritte der Bühnentechnik zu nutzen verstand, mag das Urteil oberflächlicher Kritiker gelegentlich getrübt haben. Sie sahen, ohne es zu bemerken, die alten Stücke. Doch auch die Wiederholung des erfolgreichen Trauerspiels ›Viel Front, viel Ehr‹, das 1914 bis 1918 uraufgeführt wurde, verrät subtilstes Einfühlungsvermögen. Man würdigt diese Gabe erst richtig, wenn man bedenkt, daß der heutige Oberspielleiter, dieser souveräne und suggestive Massenregisseur, damals nur in der Komparserie mitgewirkt hat. Schon im 1. Akt, dem Überfall Belgiens, zeigte sich die Klaue des Löwen, der alle Rollen, auch den Löwen, nachspielen will. Es ist kein leerer Wahn: Die Österreicher haben Theaterblut.

In Hitlers letzter Inszenierung, ›Die Belagerung und Befreiung Berlins‹, wird man, wie gesagt, ohne Johann Sobieski und dessen Entsatzheer auskommen müssen. Dem Regisseur bleibt nichts übrig, als das Stück, während die Vorstellung bereits läuft, umzuschreiben, gemeinsam mit seinem Hausdramaturgen Goebbels, dem Dramaturgen des Braunen Hauses. Denn die Ankündigung vorm Vorhang, man habe einen gewissen General

Wenk oder Wenck gefunden, der in letzter Minute einspringen und den Originalschluß ermöglichen werde, glaubt keiner vor und niemand hinter der Bühne. In der letzten Minute der letzten Szene kann kein Mensch den Sobieski übernehmen, dafür ist die Rolle zu schwierig. Und so wird das Stück schlimm enden.

Dresden ist noch nicht besetzt worden. Es scheint sogar, daß die Russen bei Kamenz und Königsbrück auf der Stelle treten, weil sie Verbände über Jüterbog nach Berlin beordert haben.

Die letzthin über Schirachs Schicksal kursierenden Gerüchte treffen nicht zu. Nach neuester Version wollte er, im Einvernehmen mit der Wehrmacht, Wien zur offenen Stadt erklären. Da tauchte Himmler auf, durchkreuzte den Plan und setzte Schirach einen stellvertretenden Gauleiter aus dem Altreich vor die Nase. Himmler ist viel unterwegs. In Hamburg war er weniger kulant und ließ, wegen der gleichen Insubordination, den Gauleiter Kaufmann hinrichten. Der Leipziger Oberbürgermeister Freiberg und einige seiner Mitarbeiter haben Selbstmord begangen. Es wird viel gestorben.

Mayrhofen, 28. April 1945

Vorgestern gab es, jedenfalls bis zum späten Abend, keinen Wehrmachtsbericht, und seit gestern informiert uns eine mindestens dem Namen nach völlig neue Station, der ›Großdeutsche Rundfunksender Gruppe Süden‹.

Ebenso interessant wie unübersichtlich sind seit zwei Tagen die Nachrichten über die Vorgänge in Oberitalien.

Nur das Resultat der dortigen Entwicklung dürfte feststehen: Verona, Trient, der Gardasee, Mailand, Como, Turin, Parma und Mantua sind von unseren Truppen geräumt worden und befinden sich in den Händen ›der italienischen Patrioten‹. Es dürfte sich um einen von höchster Stelle befohlenen Rückzug der deutschen Südarmee handeln, in einigen Fällen allerdings eher um unbefohlene Kapitulation. So hat sich die Besatzung Genuas ergeben, bevor feindliche Truppen überhaupt in der Nähe waren. Daß die ›italienischen Patrioten‹ allein den deutschen Kommandanten gezwungen haben könnten, samt der Garnison zu kapitulieren, ist nicht sehr wahrscheinlich. Er wird es gewollt haben. Vielleicht hat auch die Mittelmeerflotte gedroht, die Stadt zu beschießen, und er wollte das Bombardement nicht verantworten.

Gestern trafen wir, von einem Spaziergang nach Zell heimkehrend, Dutzende von Schülerinnen der Lehrerinnenbildungsanstalten auf der Landstraße, mit Koffern und Rucksäcken beladen. Sie hatten die Direktorin angefleht, sie möge sie nach Hause fahren lassen, ehe es zu spät sei. Der Drachen hatte abgelehnt und Lehrerinnen am Bahnhof postiert. Nun zogen die Mädchen, trotzig und romantisch, zu Fuß auf und davon, vorwiegend Südtirolerinnen, zum Inn hinunter, fest entschlossen, Innsbruck, den Brenner und die fernen Täler zu erreichen, wo die Eltern und Geschwister wohnen. Wann wird man sie wieder einfangen? Sie haben keine Passierscheine. Und spätestens am Brenner werden sie mitten in unsere zurückflutende Südarmee hineinlaufen. Sie schüttelten alle Einwände ab und schleppten ihr Gepäck und ihr Heimweh weiter.

Gestern hieß es plötzlich überall im Ort, Bayern habe kapituliert. Wer denn? Und vor wem denn? Genaueres, geschweige Verständlicheres wußte niemand. Soeben hat nun der Rundfunk die ersten Konfidenzen gemacht. Danach handelt es sich um den Putsch einer in München stationierten Dolmetscher-Kompanie unter der Führung eines Hauptmanns Gerngroß. (Unter diesem Namen zu putschen, beweist viel Mut und Gottvertrauen.) Heute früh hat die Gruppe versucht, den Gauleiter Gießler festzunehmen. Der Versuch mißlang. Dann glückte es aber, den Sender zu besetzen und mit Aufrufen und Nachrichten Verwirrung zu stiften. Jetzt jedoch sei die Funkstation wieder in Gießlers Hand, und die ›ehrvergessenen Lumpen‹ seien tot.

Trotzdem wurden die Hörer dringend davor gewarnt, in den nächsten Stunden, Tagen und Wochen jemandem Glauben zu schenken, den sie nicht kannten. Das ist leicht gesagt. Jeder mittelmäßige Schauspieler kann die Stimme Hitlers und die von Goebbels waschecht imitieren. Er kann es am Stammtisch, und so könnte er es auch am Mikrophon. Selbst Herrn Gießlers Tonfall dürfte nicht unnachahmlich sein. Die Aufforderung, nur wiedererkennbaren Stimmen zu vertrauen, bedeutet im Grunde, jeder Stimme zu mißtrauen. Wer die Technik des Umsturzes als erster durch die Möglichkeiten der Radiotechnik bereicherte, könnte Erstaunliches zustande bringen! Schade, daß der Hauptmann Gerngroß keinen gewitzten Schauspieler in der Kompanie gehabt hat.

Wir waren am Bahnhof, um Nanderl, Steiners Nichte aus Südtirol, deren zwei Kinder und ihr Gepäck im Zug zu verstauen. Wir staunten nicht wenig, daß drei Eisenbahnwagen mit vergnügten jungen Mädchen vollgestopft waren! Die Direktorin hatte demnach, von gestern auf heute, ihren Sinn geändert, spät, aber doch.

Der Putsch in München ist noch nicht erledigt. Halb drei Uhr meldete sich die Gruppe wieder. Kurz vor fünf Uhr folgte eine Gegenerklärung des Gauleiters. Nun, hieß es, sei der Widerstand der Verräter endgültig gebrochen. Handelt es sich um zwei verschiedene Sendestationen? Oder wird, mit wechselndem Glück, um ein und dieselbe Anlage gekämpft? Der Äther ist unpräzis.

Durch den heutigen Wehrmachtsbericht wurde näherungsweise deutlich, was es mit dem seit Tagen gepriesenen ›Entsatzheer für Berlin‹ auf sich hat, das die Stadt freikämpfen und auf den Trümmern die Fahne Europas aufpflanzen soll. Es handelt sich um deutsche Verbände, die bis jetzt an der Elbe standen. Nun haben sie ›den Amerikanern den Rücken gewendet‹, marschieren Berlin entgegen und sind bereits in Ferch. Was soll die Kehrtwendung? Kopiert Hitler bis zuletzt berühmte Muster aus dem Lesebuch? Verwechselt er sich diesmal mit Friedrich dem Großen, der seine Regimenter in Gewaltmärschen vom schlesischen auf den böhmischen Kriegsschauplatz hetzte? Die Kehrtwendung zwischen Elbe und Spree ist ein schlechter Manöverwitz. Hitler schickt die Maus von einer Katze zur andern, das ist alles. Die Soldaten wollten sich den Amerikanern ergeben, damit ist es vorbei. Sie marschieren nicht nach Berlin, sondern nach Sibirien.

Himmler soll, über Schweden, die bedingungslose Kapitulation angeboten haben, aber nur den Amerikanern und Engländern. Deswegen hätten die Unterhändler abgelehnt.

Mayrhofen, 29. April 1945

Heute über Tag war der Münchner Sender stundenlang still. Es war, als sende er Schweigen. Abends zehn Uhr, wir saßen im Waldcafé, rührte er sich plötzlich wieder. Und was brachte er? ›Heiße‹ Musik! Erst unkommentierte Funkstille, dann undeutschen Jazz ohne Worte, was ist geschehen? Liegt der Münchner Sender im Niemandsland? Liebt der Nachtportier amerikanische Platten?

Gerüchte: Mussolini sei, bei einem Fluchtversuch in deutscher Offiziersuniform, gestellt und in Mailand, mit anderen prominenten Faschisten, füsiliert worden. Zweitens: Die Russen hätten eine provisorische österreichische Regierung ernannt, mit dem alten Dr. Renner an der Spitze. Drittens: Vorarlberg werde geräumt.

Mayrhofen, 30. April 1945

Vorarlberg sei bereits besetzt, und der Feind nähere sich Innsbruck! Wenn das zutrifft, läuft ihm unsere Italienarmee, soweit sie den Brenner benutzt, geradenwegs in die Arme. Steiners machen sich der Tochter wegen Sorge. Viktl ist im Stubaital, wo ihr Bräutigam, einarmig, im Lazarett liegt. Die Eltern befürchten, sie könne mitten in den womöglich blutigen Trubel am Brenner geraten.

Neulich ist jemand, irgendwo im Gebirge, den Insassen eines Versehrtenlazaretts begegnet, das wegen Feindannäherung fluchtartig geräumt und verlagert wurde. Die einbeinigen Soldaten stelzten, auf Krücken und ›zu Fuß‹, im Gänsemarsch die Landstraße entlang. Lastwagen hätte es zur Not gegeben, aber kein Benzin. Zwanzig Kilometer mußten die Helden humpeln!

Versehrtenlazarett, Ohnhänder, Feindannäherung, Frontbegradigung – die Betulichkeit und das Zartgefühl des neudeutschen, treudeutschen Vokabelschatzes wird die Philologen bald beschäftigen. Das Kapitel ›Euphemismus‹ darf nicht zu kurz kommen. Der Wolf in Grimms Märchen fraß Kreide, bevor er die sieben Geißlein fraß. Die Sprachgeologen werden, unter anderem, die jüngste Kreidezeit zu erforschen haben.

Heute früh mußten die Schüler der in Straß hausenden Lehrerbildungsanstalt den Gasthof räumen. Der Wirt und die neuen Mieter hatten es eilig. Die neuen Mieter? Eine Gruppe Generalstäbler. Überall suchen sich jetzt solche Regimentsstäbe ohne Regimenter und Divisionsstäbe ohne Divisionen einen malerischen Schlupfwinkel. Sie sind arbeitslos geworden, beschlagnahmen abgelegene Quartiere, schlafen sich aus, atmen Bergluft, bringen die Chronik ihrer Truppe à jour, vernichten zweideutige Unterlagen, besprechen die Lage, koordinieren künftige Antworten auf peinliche Fragen und lassen, während sie auf die Gefangennahme warten, in der Küche von einem Offiziersburschen die weiße Fahne bügeln.

Es war ein stummer Tag. Nicht nur der Münchner Sender hielt den Mund. Auch die ausländischen Stationen schwiegen sich aus. Was hatte ihnen, in den verschiedensten Sprachen, die Sprache verschlagen? Sendeten sie die Reden auf einem internationalen Trappistenkongreß? Lügen im Funk, die gröbsten und die feinsten, kann man interpretieren, das große Schweigen gibt Rätsel auf.

Herr B. aus Hamburg, der zur Zeit Geschäftsführer einer Großtischlerei in Innsbruck ist, erzählte, daß man dort in den letzten Tagen siebzehn Kaufleute, sprich ›Schwarzhändler‹, geköpft habe. Er weiß überhaupt Interessantes interessant zu erzählen, nicht zuletzt über seine letzten Tage im besetzten Frankreich. Es waren zugleich die letzten Tage der deutschen Besatzungszeit, und er war, als Zivilist, der Admiralität in Rouen zugeteilt. Der letzte Befehl dieser letzten Tage lautete, wenn auch in anderer Formulierung: Rette sich, wer kann!

Das war für die Truppen das Hornsignal zum Saufen und Plündern. Es ging zu wie im Irrenhaus. Man watete in zertretenen Zigaretten, zerfetzten Tabakpaketen und knirschendem Würfelzucker. Die Soldaten und Matrosen hatten ein Lager für Damenwäsche gestürmt, trugen überm Uniformrock Büstenhalter, schlenkerten fesche Handtaschen, tanzten miteinander Tango, fielen johlend um und schliefen, in Stapeln von Florstrümpfen und Hemdhosen, ihren Rausch aus.

Ein Werkmeister aus Hamburg schleppte B. in den Keller einer Kognakfirma, den die Landser vergessen hatten, und wurde dort zum Berserker. Er drehte die Spundhähne von drei Dreitausendliterfässern auf, soff den Kognak aus der Hand und trieb es immer toller. Er brachte die wandhohen Regale voller Flaschen ins Wanken, sprang zurück und brüllte vor Wonne, wenn die Flaschen auf den Kellerfliesen in tausend Stücke sprangen. B. war von dem Duft und Dunst des verströmenden Kognaks so benommen, daß er Mühe hatte, ins Freie zu gelangen. Auf dem Rückweg traf er vor einem Lagerschuppen drei SS-Leute, die einen Lastwagen und den Anhänger mit Schokolade und Zigaretten beluden. Als er sie fragte, für welche Einheit sie die Riesenfracht mitnähmen, sagte einer von ihnen kurz angebunden: »Für uns drei!«

Auch in Paris, wo er vorher beschäftigt war, hat er, wenn man ihm glauben darf, an Erlebnismangel nicht eigentlich gelitten. Dort scheinen sich bestimmte Kreise der russischen Emigration um die Hebung der Fremdenindustrie, speziell um die Freizeitgestaltung deutscher Besucher in Uniform, unsterbliche Verdienste erworben zu haben.

So wurde B. einmal, neben anderen Deutschen, von einer russischen Fürstin zu einer Emigrantenhochzeit eingeladen, auf der es, obwohl nur ein einziges Zimmer zur Verfügung stand, ziemlich hoch herging. Nachdem man gut gegessen und getrunken hatte, ersuchte der Fürst jeden der Gäste, da es so üblich sei, um die Spende von viertausend Francs. Herr B. zahlte die Hälfte, und das war immer noch mehr, als der Fürst, mochte er nun echt oder falsch sein, erwartet hatte.

Ein andermal wurde B. zu einer Tanzveranstaltung gebeten, die in Sèvres, und zwar im russischen Altersheim, stattfand. Auch hier war das kalte Büfett nicht nur vorzüglich, sondern recht teuer. Zu später Stunde verkündete dann einer der Gastgeber vom Tanzparkett aus, wer nicht mehr nach Paris zurückwolle, könne mit einer der anwesenden Damen im Hotel nebenan übernachten. Der Wirt habe sich bereit erklärt, fünfzig Doppelzimmer zur Verfügung zu stellen. Herr B. schlief also in Sèvres und war, bis auf den Preis, mit der Unterkunft äußerst zufrieden.

Mayrhofen, 1. Mai 1945

1. Mai und dicker Schnee! Als habe über Nacht ein leiser Riese die Wiesenhänge und die schlafenden Blumen in den Gärten mit weißen Plusterbetten zugedeckt. Und auf den verschneiten Straßen und Wegen stehen die Leute herum und erzählen einander, Hitler liege im Sterben. Die Apfelblüten lugen aus dem Schnee wie Erdbeeren aus der Schlagsahne. Außer ihrem hingetupften Rosarot erinnert nichts mehr an die bunte Frühlingswelt von gestern. Der Winter, der große Meister der Graphik, stellt noch einmal seine herben Schwarzweißlandschaften aus, nur für ein paar Tage, auf der Durchreise nach dem Norden. Dann wird wieder umgehängt. Dann können wir uns doppelt an den Aquarellen der Kollektion Lenz erfreuen.

Hitler, erzählt man also, liege im Sterben. Göring amüsiere sich, in einer Alpenvilla irgendwo, mit Kinderspielzeug und brabble vor sich hin. Himmler verhandle erneut mit Bernadotte. Und in Oberitalien hätten sich hundertzwanzigtausend Mann ergeben. Sonst? Die Amerikaner haben, anscheinend ohne Kampf, München besetzt, und ihre schnellen Verbände stehen schon bei Mittenwald. Daß sie, in der anderen Stoßrichtung, Innsbruck erreicht hätten, wurde vorhin in einer Rundfunkdurchsage heftig bestritten. Sie seien erst in Bregenz. Wer gegenteilige Behauptungen verbreite, schade nicht nur der Heimat, sondern auch sich selber.

Gestern wurden die Lebensmittelkarten für den Monat Mai verteilt. Und heute gibt es schon keine Lebensmittel mehr, kein Brot, keine Butter, keine Teigwaren. Die Läden sind leer. »Die Preußen haben die Geschäfte gestürmt«, behaupten die erbitterten Bauern. Aber nicht wir haben die neuen Marken auf einen Schlag in Ware umgesetzt, sondern die Flüchtlinge aus Wien. Die Geschäftsleute hatten keine Handhabe, den panischen Ausverkauf zu verhindern. Es war eine legale Plünderung. Sie mußten am ersten Tag alles hergeben, was wochenlang reichen sollte. Da Brot die Angewohnheit hat, altbacken zu werden, wurde auch sehr viel Mehl gekauft. Und nun gibt es weder Brot noch Mehl. Die Bitte ›Unser täglich Brot gib uns heute!‹ wird sich, mindestens während der nächsten vier Wochen, auch für fromme Leute kaum erfüllen lassen, sie seien denn Müller oder Bäcker.

Auch wir sind, wenn man es wortwörtlich nimmt, brotlos. Butter und Käse lassen sich immer einmal wieder für teures Geld beschaffen, und ich habe noch Geld. Wie lange es reichen wird, steht auf einem anderen Blatt. Das hängt von der Entwicklung der Preise und der Weltgeschichte ab. Wenn die Kühe im Zillertal außer Milch auch Mehl gäben, wäre auch die Brotbeschaffung nichts mehr und nichts weniger als eine Geldfrage. Doch die Kühe sind eigensinnig. Und weil hier oben kein Getreide wächst, ist Brot teurer als Geld. Da muß man schon mit soliden Werten winken als mit Reichsmarkscheinen. Zum Exempel mit geräuchertem Speck. Deshalb habe ich vorhin, wehen Herzens, mit dem alten finnischen Dolch etwa ein halbes Pfund Speck von der eisernen Ration heruntergesäbelt und bei einer Frau aus Wien, die heute morgen zuviel Brot gehamstert hat, in ein Zweipfundbrot umgewechselt. Damit ist die ›Ernährungslage‹ bis morgen früh gesichert.

Die Geschichte des Specks in unseren Rucksäcken erinnert entfernt an das Märchen vom Hans im Glück, nur daß wir mehr Glück hatten als jener unverwüstlich zufriedene Hans. Es begann mit einem bildhübschen und nagelneuen Akkordeon aus Markneukirchen. Der Zufall spielte es Lotte, vor anderthalb Jahren in Berlin, für eine erschwingliche Summe in die Hände, und sie schenkte es mir, weil sie dachte, ein verbotener Schriftsteller könne sich damit die Zeit und die Melancholie vertreiben, als sei er David mit der Harfe und König Saul in Personalunion. Daraus wurde nichts. Ich wußte mit dem Instrument nichts Aufheiterndes anzufangen. Ich war zu ungeschickt.

Deshalb schenkte es Lotte alten Bekannten in Württemberg, die ein konfirmationsreifes Töchterchen hatten sowie einen Landgasthof mit Hausmetzgerei. Der Dank blieb nicht aus. Die hocherfreuten Eltern zeigten sich, in einem dicken Brief, mit Fleischmarken erkenntlich. Es waren Reisemarken in Kleinabschnitten für Schwerarbeiter zum Bezug von Speck und Schinken. Es waren Marken für zirka fünfzehn Pfund Speck! Wir trauten unseren Augen nicht. Doch der ersten Überraschung folgte die zweite: Die Marken waren nicht fabrikneu. Sie waren von anderen Schwerarbeitern vor uns bereits verwendet und von der braven Metzgersgattin in Schwaben, zur Ablieferung beim Lebensmittelamt, fein säuberlich und haltbar auf hierfür bestimmte Formblätter geklebt worden!

Was war zu tun? Wir benahmen uns wie leidenschaftliche Sammler, die seltene Briefmarken von Kuverts ablösen. Wir arbeiteten mit Wasserdampf, Pinzetten und Löschpapier und hatten, dank unserer Akribie, keine nennenswerten Verluste zu beklagen. Die ›neuen‹ Reisemarken hatten einen einzigen Fehler: Sie waren überm Dampf recht blaß geworden. Fast so blaß wie wir, wenn wir in den nächsten Tagen unsere Marken auf die Ladentafeln legten. Wir kauften kleinweise und in einem guten Dutzend Charlottenburger Fleischereien, damit der Überfluß nicht auffalle, und manchmal ging es glatt.

Mitunter aber wurden die farbmüden Speckmarken und wir selber, als Schwerarbeiter nicht sonderlich überzeugend, recht mißtrauisch gemustert. Das waren bange Sekunden, und wir hielten uns eher für Schwerverbrecher als für Schwerarbeiter auf Reisen. So mancher Fleischer und so manche Fleischersgattin durchschauten den Schwindel, denn sie schwindelten ja auch, nur in größerem Stil und ohne blaß zu werden! Es kam zu keinem Eklat. Wir kamen zu unserem Speck. Und heute sogar zu einem Zweipfundbrot.

Mayrhofen, 2. Mai 1945

Hitler liegt, nach neuester Version, nicht im Sterben, sondern ist ›in Berlin gefallen‹! Da man auf vielerlei Art sterben, aber nur fallen kann, wenn man kämpft, will man also zum Ausdruck bringen, daß er gekämpft hat. Das ist nicht wahrscheinlich. Ich kann mir die entsprechende Szene nicht vorstellen. Er hätte dabei mit Ärgerem rechnen müssen, mit der Gefangennahme, und dieses Spektakel konnte er nicht wollen. Ergo: Er ist nicht ›gefallen‹.

Zu seinem Nachfolger hat er den Großadmiral Dönitz bestimmt, der sich in Norddeutschland aufhält. Er hat ihn als ›Staatsoberhaupt‹ bezeichnet. Das ist, wie der Mann selber, eine Verlegenheitslösung. Das parteihörige Militär soll die Kapitulation unterzeichnen. Es ist die Quittung. Das ›Staatsoberhaupt‹ hat sich auch schon geäußert: Es will die bolschewistische Flut zurückschlagen, aber gegen die restlichen Alliierten nur fechten, wenn diese es nicht anders wollen. Der Mann an der

Drehorgel hat gewechselt. Er spielt das alte Lied. ›Heil Dönitz!‹ sagen die Leute zum Spaß, wenn sie einander begegnen. Es, das neue Staatsoberhaupt, erwartet von den Truppen, daß sie ihren dem Führer geschworenen Eid prolongieren und auch dem designierten Nachfolger halten werden. Das wird, mangels Masse, schwer halten. Allein seit der Invasion sind im Westen drei Millionen Mann und hundertfünfzig Generäle gefangengenommen worden. Dem fliehenden und umherirrenden Rest steht die Gefangennahme unmittelbar bevor. Der Eid wird einsam.

Hofer, der Gauleiter von Tirol, hat den Befehl, die Brücken zu sprengen, annulliert und hofft, daß Innsbruck ›ritterlich‹ behandelt werde. Er selber wolle sich in die Berge zurückziehen. Himmlers Verhandlungen mit Bernadotte sind, bis zum Eintreffen neuer Instruktionen für den Grafen, wieder unterbrochen worden. Generaloberst Guderian, der Chef des Stabes, hat nicht weit von hier, in Fügen, Quartier bezogen und läßt Leitungskabel legen. Am 7. März erklärte er vor ausländischen Journalisten, daß man daran arbeite, im Osten wieder zum Angriff überzugehen. Jetzt spinnt er wohl im Zillertal am Kabelnetz für seine Offensive. Ein unermüdlicher Arbeiter!

Der Schnee, der heute früh noch dicker und dichter als gestern lag, taut und sinkt zentimeterweise in sich zusammen. Schon stecken die Mehlprimeln und der Löwenzahn ihre Köpfe unter der weißen Daunendecke hervor. Und Mussolinis Leiche liegt oder hängt noch immer auf dem Platz in Mailand.

Die gemischte Runde in Steiners Wohnstube hat sich um zwei Unteroffiziere vermehrt. Sie heißen Willi und Alfred, stammen aus Riesa und Pritzwalk und besitzen einen Lastkraftwagen, der ihnen nicht gehört. Das mit Benzin und hundert anderen nützlichen Dingen vollbeladene Fahrzeug, mit dessen Hilfe sie in Norditalien ihre Trainkolonne aus den Augen verloren haben, zählte bis dahin zum sogenannten Heeresgut. Nun steht der Wagen, ein paar Steinwürfe entfernt und mit Tarnplanen bedeckt, im Gebüsch. Willi und Alfred sind zwei alte, ausgekochte Transportkrieger, zwischen sämtlichen Fronten und Etappen zu Hause, und haben sich entschlossen, die nächste Zeit im schönen Mayrhofen zu verbringen.

Es begann damit, daß sie sich, an einer Kreuzung bremsend, bei einer Flüchtlingsfrau und deren Tochter nach dem Weg erkundigten. Da sie sich für die Auskunft mit einer Handvoll Zwiebeln bedankten, lud man sie zum Verweilen ein, und das war ja, was sie wollten. Ihr Lastwagen ist eine Wundertüte auf Rädern, und die beiden Mannsbilder sind ganz und gar nicht geizig. Sie haben, wie man in Sachsen sagt, die Spendierhosen an. Außerdem wissen sie zu erzählen.

Auch heute, während wir am Radio auf exaktere Nachrichten über Hitlers Tod warteten, erzählten sie mancherlei. Von mit dem Roten Kreuz gekennzeichneten Lazarettschiffen und Lazarettzügen, die, entgegen der Genfer Konvention, bombardiert wurden, weil sie, entgegen der Genfer Konvention, mit Gasmunition beladen waren. Von der SS, die den über den Po zurückweichenden, zum Teil den Fluß durchschwimmenden Truppen am nördlichen Ufer die Waffen abnahm und die Landser zur Schanzarbeit abtransportierte. Von den Judenerschießungen in Rußland und Polen, vor allem von den schönen Mädchen und jungen Müttern, denen man überhaupt nicht angesehen habe, daß sie Jüdinnen gewesen seien. Und davon, daß sie, Willi und Alfred, die Genickschüsse und das Durchsieben der in den Gruben liegenden Halbtoten und Ganztoten mit Serien aus den Maschinenpistolen als Augenzeugen und Ohrenzeugen miterlebt hätten. Gelegentlich sei der eine und andere der Schützen ›an Ort und Stelle‹ wahnsinnig geworden.

Als Lotte in Berlin ihre Habseligkeiten für Mayrhofen packte, stopfte sie auch mehrere Gebund dunkelblauer Strickwolle in den Rucksack, wobei sie dachte: ›Man kann nie wissen.‹ Nun weiß sie es. Sie strickt für eine kleine Kellnerin Wadenstrümpfe. Dabei muß Lotte gut achtgeben, denn die Auftraggeberin hat sich ein Zopfmuster gewünscht. Und die Auftraggeberin muß gut achtgeben, denn Lotte hat sich, für die zopfgemusterten Wadenstrümpfe aus bester deutscher Zellwolle, Brot gewünscht. Brot Nummer Eins wurde uns im dunklen Flur des Gasthofs bereits ausgehändigt. Die kleine Kellnerin brachte es unter der Schürze. Wir essen, offensichtlich, heimlich gestohlenes Brot. Wir essen es ohne Gewissensbisse. Und auch die kleine Kellnerin leidet keine unerträglichen Seelenqualen. Der Wirt, den sie schädigt, ohne daß er es bemerkt, ist ihr Onkel.

Mayrhofen, 3. Mai 1945

Das alliierte Hauptquartier teilt mit, Himmler habe dem Grafen Bernadotte am 24. April, also vor zehn Tagen, berichtet, Hitler leide an Gehirnblutungen und mit seinem

Ableben sei in den nächsten achtundvierzig Stunden fest zu rechnen. Viele schenken der Meldung keinen Glauben. Ihnen gefällt die Version, daß er vorm Feind gefallen sei, bei weitem besser. Sie entspricht ihrem Wunsch. Sie halten einen solchen Heldentod für eine Heldentat.

Andere Parteigenossen passen sich geschwinder an, beispielsweise Herr Pf., einer von Steiners Nachbarn. Vor wenigen Tagen beschimpfte er die Viktl, weil sie ihre gefallenen Brüder beweine. Gestern hat er sein Parteiabzeichen, das Führerbild und belastende Dokumente beseitigt. Er kann es noch weit bringen. Solche Leute werden gebraucht. Sie sind immer die ersten.

Ein neues Gerücht: Hans Fritsche sei in Gefangenschaft geraten und habe versichert, Hitler und Goebbels hätten Selbstmord begangen. Das ist die bis jetzt einleuchtendste Version. Vorhin verbreitete der Sender ›Oberdonau‹ die Anordnung, im Gedenken an den Führer halbmast zu flaggen. Anschließend wurde empfohlen, die Fahnentücher nachts einzuholen. Warum? Hat man Angst vor Andenkensammlern? Die Leute interessieren sich nachts nicht für Hakenkreuzfahnen, sondern für den Londoner Sender. Aus fast allen Häusern dringt, wenn es dunkel geworden ist, sein Pausenzeichen. Man ist nicht mehr zimperlich. Es klingt, als spalte man überall Holz.

Gestern nacht meldete London, die deutsche Italienarmee habe, einschließlich der bereits in Tirol und Vorarlberg eingetroffenen Verbände, die Waffen gestreckt. Daraufhin begann sofort Herr B. mit Willi und Alfred, den Unteroffizieren, über den Verkauf ihres versteckten Lastwagens zu verhandeln. Die beiden wollten nicht. Während sich B. wenigstens das Vorkaufsrecht zu sichern versuchte, lauschten wir am Radio einer Ansprache unseres neuen Außenministers, des Grafen Schwerin-Krosigk. Er sprach über die Abscheulichkeit moderner Kriege und war sehr gerührt. Zeitungen scheint es überhaupt nicht mehr zu geben.

Mayrhofen II
4. Mai bis 15. Juni

Aus der Chronik

5. Mai	Die neue Reichsregierung entläßt Heinrich Himmler aus seinen Ämtern.
7. Mai	Generaloberst Jodl unterzeichnet in Reims, in Eisenhowers Hauptquartier, die Kapitulation der deutschen Wehrmacht.
8. Mai	Generalfeldmarschall Keitel unterzeichnet die Kapitulation im russischen Hauptquartier in Karlshorst. Die Schweiz sperrt die Grenzen nach Norden, Osten und Italien, löst ihre NSDAP-Landesgruppe auf und unterbricht die diplomatischen Beziehungen zu Deutschland.
11. Mai	Die bisher in London ansässige tschechische Exilregierung tritt in Prag zusammen.
15. Mai	Aufstand in Prag. Blutige Ausschreitungen gegen die Deutschen.
23. Mai	Die deutsche Regierung wird bei Flensburg gefangengenommen. Himmler wird verhaftet und vergiftet sich.
31. Mai	Die norwegische Regierung kehrt aus London nach Oslo zurück.
5. Juni	Die Alliierten gliedern Deutschland in vier Besatzungszonen und übernehmen die oberste Regierungsgewalt.

Mayrhofen, 4. Mai 1945

Die Ostmark heißt wieder Österreich. Die Agonie ist vorüber. Klio hat den Totenschein ausgestellt. Das Regime, das nicht leben konnte und nicht sterben wollte, existiert hierzulande nicht mehr. Gestern nachmittag hat sich, mit einem Dr.-Ing. Gruber an der Spitze, die Österreichische Widerstandsbewegung konstituiert. Die Sender Vorarlberg, Innsbruck und Salzburg bestätigten die Waffenstreckung der Südarmee, auch für Tirol, Vorarlberg und Reutte, und verbreiteten die ersten zwei Erlasse der provisorischen Regierung.

Der eine Erlaß hob ab sofort die Verdunklung auf, fand ungeteilten Beifall und wurde am Abend weithin sichtbar befolgt. Die Fenster waren erleuchtet! Ein paar Straßenlaternen brannten zwinkernd! Wir gingen spazieren und freuten uns wie die Kinder. Uns war, mitten im Mai, weihnachtlich zumute. Das jahrelang entbehrte Licht in den Häusern erschien uns schöner als Millionen Christbäume.

Auch der zweite Erlaß wurde gehorsam befolgt. Freilich nicht mit der gleichen Begeisterung. Er befahl die sofortige Beflaggung in den Farben Österreichs, also Rot-weiß-rot, oder in den Tiroler Farben Rot-weiß. Die Schwierigkeit, unter der die Bevölkerung leise seufzte, bestand nicht etwa, wie man denken könnte, in dem über

Nacht zu vollziehenden Gesinnungswandel. Auch nicht in der bedenklichen Zumutung, ihn vor aller Augen meterlang aus den Fenstern zu hängen. Die Schwierigkeit lag ausschließlich darin, sich in so kurzer Zeit, noch dazu nach Ladenschluß und bei der herrschenden Stoffknappheit, das geeignete Fahnentuch zu beschaffen.

Künftige Usurpatoren sollten daraus lernen. Man kann die Menschen, nicht nur die Österreicher, natürlich dazu nötigen, vom Abend zum Morgen ihre Gesinnung wie einen Handschuh umzukehren. Und man kann sie mühelos dazu bewegen, diese Wandlung öffentlich zu bekennen. Am guten Willen wird nicht zu zweifeln sein. Man muß nur die Grenzen beachten, die ihm gezogen sind. Für die politische Kehrtwendung selber genügen zehn Minuten. Die befriedigende Lösung der Flaggenfrage ist viel zeitraubender. Schon wegen des Ladenschlusses. Denn es genügt ja nicht, die Fahne nach dem Wind zu hängen. Es muß ja die neue Fahne sein!

Immerhin bot Dr.-Ing. Grubers Flaggenerlaß keine unüberwindlichen Schwierigkeiten. Es wurde von der Nation bis heute früh weder Marineblau noch Schweinfurter Grün verlangt und auch kein Kanariengelb. Rot und Weiß waren, bei einiger Phantasie, über Nacht beschaffbar, und sie wurden beschafft. Als wir, die Entdunklung feiernd, die Straßen und Gassen entlanggingen, konnten wir uns mit eignen Augen – einem weinenden und einem lachenden Auge – unterrichten, wie man aus alten und soeben verbotenen Fahnen neue, aufs innigste zu wünschende schneidert. Wir blickten in die Stuben und sahen, in jedem Fensterrahmen, das nahezu gleiche lebende Bild. Überall trennte man das Hakenkreuz aus den Hitlerfahnen. Überall zerschnitt man weiße Bettlaken. Überall saßen die Bäuerinnen an der Nähmaschine und nähten die roten und weißen Bahnen fein säuberlich aneinander. »Doch drinnen waltet die züchtige Hausfrau«, zitierte einer von uns. Und ein andrer sagte: »Sie ziehen sich die Bettücher unterm Hintern weg. Das nenn' ich Opfermut!«

Auch sonst glich der Spaziergang einer politischen Exkursion. Farbsatte Rechtecke an den Wänden erzählten uns, wie leicht Tapeten zu verschießen pflegen und wie groß die Hitlerbilder gewesen waren. In dem einen und anderen Zimmer standen die Hausväter vorm Rasierspiegel, zogen Grimassen und schabten, ohne rechten Sinn für Pietät, ihr tertiäres Geschlechtsmerkmal, das Führerbärtchen, von der Oberlippe. (Obwohl, historisch betrachtet, sein Emblem unter der Nase, wie vieles andre auch, nicht von Hitler, sondern vor ihm erfunden worden ist.) Kurz und gut, es war ein lehrreicher Rundgang. Seit das Licht wieder aus den Häusern fällt, fällt auch wieder Licht hinein.

Heute früh wehten die Fahnen der Freiheit, daß es eine Pracht war. Die neuen Ordnungshüter, mit rot-weiß-roten Armbinden, konnten auf Mayrhofen stolz sein. Mitunter bemerkte man freilich Kreise und Segmente in unausgeblichenem Rot, die bis gestern vor Wind und Wetter durchs Hakenkreuz geschützt worden waren. Zuweilen hatten die Bäuerinnen wohl auch die roten und weißen Bahnen in der verkehrten Reihenfolge zusammengenäht. Doch das blieben kleine Schönheitsfehler, über die man großzügig hinwegsah. Alles in allem war die Flaggenparade ein schöner Erfolg.

In Steiners Wohnstube wurde er mit Kartoffelpuffern und Marmelade gefeiert. Anschließend holten Alfred und Willi aus ihrem Lastwagen Chianti, Wodka und einen Karton Eier. Frau Steiner erhielt von den abgemusterten

Unteroffizieren den dienstlichen Auftrag, aus dem Wodka und vielen Eidottern einen Eierlikör zu brauen, und die Damenwelt freute sich schon. Leider kam der Likör nicht zustande. Denn die Eier in dem Karton waren hartgekocht. So gab es, statt dessen, harte Eier und Wodka zum Nachtisch. Es erfolgten keine Beschwerden. (Außer Magenbeschwerden.)

Die Fahnen sind nicht nur aus Angst und Lüge zusammengestoppelt. Vor manchem Fenster flattert auch die Wahrheit, die ganze oder die halbe, trotz der zerschnittenen Bettlaken. Wir aus Berlin kennen hier nur die Eckfälle. So wußten wir seit den ersten Tagen, daß der Kramerwirt, ein feister Mann mit Kropf, zur katholischen Opposition und zu Schuschniggs Freunden gehöre. Die Einheimischen, auch er selber, rechnen mit ihm als dem neuen Bürgermeister.

Die Seminardirektorin, die alte Kämpferin und Freundin des Tiroler Gauleiters Hofer, hat die Fahne nicht gewechselt, sondern wurde heute früh in Hippach, auf dem Hügel neben der Kapelle, tot aufgefunden. Neben ihr lagen die Leichen ihrer Mutter, ihrer Freundin, eines Kindes und eines Lehrers sowie ein zweiter Lehrer, der nur verwundet war und, mit einem Kopfverband, abtransportiert worden ist. Sechs Schüsse und fünf Tote, darunter ein Kind. Ein blutiger letzter Akt, mit Selbstmord und Mord im Einverständnis. Ein schlimmes Ende schlimmer Erzieher. Der Pfarrer hat angeordnet, daß sie außerhalb der Friedhofsmauern begraben werden.

Die dreiundzwanzigjährige BDM-Führerin der Anstalt habe sich anderswo erschossen, und der Ortsgruppenleiter sei, auf dem Rückweg vom Achensee, in Jenbach umgebracht worden. Diese zwei Nachrichten sind nicht verbürgt.

Vorhin fuhr eine Kette von Autos, worin höhere Offiziere saßen, durch den Ort. Als sie anhielten, um den Weg nach Hintertux zu erfragen, stellte sich heraus, daß sie, trotz der deutschen Uniformen, Russen waren und zum Stab der Wlassow-Armee gehörten. Ein radebrechender Dolmetscher erzählte, sie hätten noch vor kurzem in Babelsberg gekämpft und sich im letzten Augenblick nach Süden durchgeschlagen. Die Erzählung klang unwahrscheinlich. Sollte sie zutreffen, so hieße es, daß man die ukrainischen Partisanen regimenterweise den Sowjets ans Messer geliefert hat. Wlassow und seine Offiziere ziehen es jedenfalls vor, droben in Hintertux auf die Amerikaner zu warten.

Auch Lastautos der deutschen Südarmee fahren, mit Maschinengewehren bestückt und mit Lebensmitteln beladen, in der gleichen Richtung bergauf. Einzelne kleinere Trupps absolvieren die letzten Kilometer ihrer Flucht zu Fuß. Hintertux ist die Endstation. Dort ist die Welt mit Gletschern vernagelt.

Eben brüllte ein leichtverwundeter Stabsapotheker, mit einem Leutnant nach Lanersbach unterwegs, zwei humpelnd bummelnde Landser an, die ihn nicht durch ›Anlegen der Hand an die Kopfbedeckung‹ gegrüßt hatten. Er war vor Wut und Erschöpfung außer Rand und Band. Sie nahmen, etwas verwundert, mitten auf der Straße stramme Haltung an, schimpften dann aber unflätig hinter ihm drein. Er tat, als ob er es nicht höre.

Auch Zivilisten ziehen durch den Ort, freilich in entgegengesetzter Richtung. Es sind italienische und serbokroatische ›Fremdarbeiter‹ mit ihren Bündeln. Sie wollen nach Hause. Wlassows Stab, deutsche Soldaten, italienische Arbeiter, Tiroler Freiheitskämpfer mit Armbinden, brennesselpflückende Berliner, promenierende Hautevolee aus Budapest, es geht unverkennbar international zu. Marika Rökk fährt ihr Baby im Kinderwagen aus. Leni Riefenstahl ist aus Kitzbühel eingetroffen.

Sie hat dort ihre Villa, ihren Schneidetisch, ihren Vorführraum, vielleicht auch ihre Weltanschauung zurückgelassen und sucht, von einer Gallenkolik geplagt, an Harald Brauns liberaler Brust Schutz und Halt. Der Ärmste weiß nicht recht, wie er sich dem Regisseur der Reichsparteitagfilme gegenüber verhalten soll, da dieser Mann ja eine Frau ist, noch dazu mit Tränen in den Augen und einer Wärmflasche vorm Leib. Was soll er, in Mayrhofen und im 20. Jahrhundert, mit einer besiegten Amazone anfangen, die sich ergeben will? Da die Bräuche der Antike nicht mehr Mode sind, ergreift er verlegen die Flucht.

Es gibt auch jüngere Amazonen, zum Beispiel die Sportlehrerin der entschwundenen Seminaristinnen. Sie möchte jeden Soldaten anspucken, der nicht mehr weiterkämpft. Sie tobt und zerschlägt, da man sie eingeschlossen hat, die Möbel ihres Hotelzimmers. Was wird aus so einem fatalen Heldenmädchen werden? Sie weiß es nicht besser? Freilich nicht. Und wie will man erreichen, daß sie es besser wissen wird?

Das Mißtrauen zwischen den Einheimischen besteht weiter. Nur das Vorzeichen hat sich geändert. Bis vor ein paar Tagen hatten die einen vorm Ortsgruppenführer Angst. Nun fürchten sich die anderen, diesmal vorm Kramerwirt und den Männern mit der neuen Armbinde.

Gestern wurde im Rundfunk mitgeteilt, daß Tirol auf absehbare Zeit mit ›Ernährungszuschüssen‹ nicht rechnen könne. Daraufhin hat man schon in einigen Geschäften abgelehnt, Ortsfremden Lebensmittel zu verkaufen. Auch in diesem Punkt hat sich also nichts geändert. Nicht einmal das Vorzeichen.

Herr B., der aus Hamburg stammt, trieb die gespielte Treuherzigkeit so weit, daß er sich in Innsbruck den österreichischen Freiheitskämpfern als Mitstreiter anbot. Da kam er an die Verkehrten. Leute mit undurchsichtiger Konduite haben die Tiroler selbst zur Genüge. Hierfür braucht man keine auswärtigen Mitglieder. Deshalb schloß sich Herr B., bitter enttäuscht, den politischen Wallfahrern an, die zu den warmen Quellen nach Hintertux pilgern.

Mayrhofen, 5. Mai 1945

Obwohl es längst zu Ende ist, ist es noch immer nicht zu Ende. Gestern hat allein in Nordwestdeutschland eine halbe Million Soldaten die Waffen gestreckt. Hamburg und Oldenburg haben sich den Engländern ergeben. Gegen die Amerikaner sind ›alle Kampfhandlungen eingestellt worden‹. Unsere Armeen, welch großes Wort, kämpfen ›nur noch‹ gegen die Russen.

Für Mayrhofen gilt ein anderes ›nur noch‹: Brot gibt es nur noch für die Ansässigen. Wenn einer von uns den Laden betritt und seine Lebensmittelkarte zückt, spielen die anderen das Bauernstück ›Leider ausverkauft‹. Der Kramerwirt hat sich mit dem bisherigen Bürgermeister zusammengesetzt, also der neue Mann mit dem alten, der Schwarze mit dem Braunen, weil wieder einmal über das Thema ›Gemeinschaftsverpflegung‹ nachgedacht werden soll. Schon am Montag, heißt es, wolle man mit der summarischen Abfütterung beginnen.

Worin der Vorteil liegen könnte, begreife ich nicht recht. Gemeinschaftsverpflegung hätte Sinn, wenn es zuwenig Herdstellen, zuwenig Holz und Kohlen oder zuwenig Köche gäbe. Oder einen ausreichenden Vorrat von bestimmten Lebensmitteln und einen entscheidenden Mangel an anderen. Oder ein psychologisches Motiv. Nichts davon trifft zu. Alle Sorten Lebensmittel sind knapp. Rationalisierung durch Gulaschkanonen ohne Gulasch, ohne Brot, ohne Kartoffeln, ohne Mehl und Schmalz kann den Mangel weder verschleiern noch gar beheben. Am Ende ist doch eine psychologische Erwägung im Spiele? Hofft man, die Ortsfremden mit Gulaschkanonen in die Flucht zu jagen? Auch das wäre eine Fehlspekulation. Wir kämen nicht weit. Und schlecht ist es auch anderswo.

Lore Flesch, die BDM-Führerin, hat sich, entgegen dem Gerücht, nicht umgebracht. Sie hat es auch nicht versucht. Sie lebt und ist noch hier.

Bei der Schneiderin in Hollenz herrschte gestern Hochbetrieb. Sie mußte Uniformen abändern, Knöpfe mit dem Hoheitsabzeichen durch Hirschhornknöpfe ersetzen, jägergrüne Jackenaufschläge annähen, Biesen und Spiegel abtrennen und in der Nachbarschaft alte Filzhüte auftreiben. Die Soldaten warteten geduldig, zahlten mit Zigaretten und Schnaps aus dem Rucksack und verließen die Schneiderstube als nachgemachte, nicht ganz waschechte Tiroler. Mit Hüten, die zu groß oder zu klein waren.

Viele Fahrer von Wehrmachtswagen haben ihre Fahrzeuge in der Gegend stehenlassen und sind abgehauen. Wir kamen dazu, wie Kinder und Halbwüchsige einen I-Wagen, einen ›Instandsetzungs-Wagen‹, also eine fahrbare Reparaturwerkstatt mit Hunderten von Ersatzteilen, bis auf den letzten Schraubenschlüssel ausschlachteten. Binnen kurzem sah der Wagen aus, als seien die Heuschrecken dagewesen.

Bei P. in der Nachbarschaft haben sich acht Soldaten einquartiert und beschimpfen, pausenlos und ohne Luft zu holen, ihn und die übrigen ›schlappen Tiroler‹ so massiv, daß er, aus lauter Verzweiflung, sein Parteiabzeichen wieder ausgekramt und angesteckt hat. Wenn auch nur für den Hausgebrauch. Nur als Innendekoration.

Die Depression schlägt in Reizbarkeit um. Erst war man gelähmt, jetzt wird man zänkisch. Jeder macht jeden verantwortlich. Jeder macht jedem Vorwürfe. Und jeder nimmt nur einen einzigen Menschen aus: sich selber. Warum ist man gereizt? Weil man überrascht ist? Wie kann man denn überrascht sein? Hat man denn den Schwindel geglaubt? Hat man die hanebüchenen Phrasen tatsächlich mit Tatsachen verwechselt? So dumm kann man nicht sein. So dumm konnte man sich nur stellen. Jetzt tut man überrascht, d. h. man stellt sich wieder dumm. Man möchte lieber für einen großen Trottel gehalten werden als für einen kleinen Halunken.

Der ›Deutsche Volkssender‹, eine Neugründung sowjetischer Observanz, hat mitgeteilt, daß Berlin umgehend Brot erhalten werde. Daran erkenne man, was es mit den Verleumdungen auf sich habe, die Russen seien Un- und Untermenschen. Überdies seien Moskauer Ingenieure und Techniker per Flugzeug eingetroffen, um die zum Teil in die U-Bahn-Schächte abgestürzte Friedrichstraße wieder passierbar zu machen.

Trotz solcher Sirenenklänge haben hier nur wenige Flüchtlinge aus dem Osten die Absicht, in ihren Wohnort zurückzukehren. Ob die Alliierten darauf Rücksicht nehmen werden, ist die zweite Frage. Ein übervölkertes Westdeutschland und ein schwachbesiedeltes Ostdeutschland dürften nicht in ihrem Interesse liegen. Dresden und Chemnitz sind noch immer nicht besetzt worden.

Alfred und Willi erzählten Erbauliches über die militärische Transportbürokratie in Oberitalien. So mußten die endlosen LKW-Kolonnen, wohin sie auch dirigiert wurden, immer und unter allen Umständen ›ausgelastet‹ sein. Wenn sie Munition und Lebensmittel zur Front gebracht hatten, durften sie nicht leer zurückkommen. Und wenn sie zur Räumung gefährdeter Depots nach Süden beordert wurden, durften sie nicht leer hinunterfahren! Man übertrug also die Methoden der Speditionsbranche auf den Frachtverkehr zwischen Hinterland und Front, auch dann noch, als sie wankte und zusammenbrach. Mitten im Rückzug der Armeen ging es zu wie beim Umzug im Frieden. Da Leertransporte streng untersagt waren, brachten die Kolonnen, um Bestände zu retten, Bestände mit! Es ging Zug um Zug. Man tauschte die Beute, die der Gegner morgen oder übermorgen machen würde, im letzten Moment aus. Dabei konnte es vorkommen, daß, nachdem das Mitgebrachte abgeladen worden war, keine Zeit mehr blieb, das Abzuholende aufzuladen. Dann steckte man beides in Brand, und die Kolonnen machten sich schleunigst und, dem kategorischen Befehl zuwider, völlig leer aus dem Staube. Willi geriet geradezu ins Schwärmen, als er uns zu beschreiben versuchte, wie appetitanregend tonnenweise brennende Dörfler-Würstchen zu duften imstande sind.

Daß Soldaten, denen derartige Schildbürgerstreiche

befohlen wurden, ihren eigenen Vorteil nicht aus den Augen verloren, leuchtet ein. Alfred deutete an, daß er allseitig versiegelte Kisten mit Zigaretten entleeren könne, ohne auch nur eines der Siegel zu lädieren. Und er verschwieg uns nicht, wie man Schnapsladungen zu Bruch fahren kann, ohne daß der kostbare Inhalt nachweislich zerbrochener Flaschen verlorengeht. Zuweilen sei die ganze Kompanie tagelang besoffen gewesen. Weniger erheiternd klang Willis Behauptung, daß seit Oktober vom Hauptpostamt Verona keinerlei Feldpost weiterbefördert worden sei!

Mayrhofen, 5. Mai 1945, nachts

Heute gegen Abend trafen die ersten Amerikaner ein. In zwei Panzerspähwagen und zwei Kübelwagen mit Maschinengewehren. Sie hatten deutsche Offiziere mit Armbinden der Widerstandsbewegung bei sich und hielten beim Kramerwirt. Auf einem der Panzer lagen ein deutscher Offiziersdegen und ein deutscher Stahlhelm. Der Wirt begrüßte den Lieutenant Colonel mit jovialer Würde und führte ihn und die deutschen Begleiter in die Gaststube. Unmittelbar danach fuhr, aus entgegengesetzter Richtung, ein Auto mit weißem Wimpel und Parlamentären des Stabs der Wlassow-Armee vor, und auch sie wurden vom Wirt ins Haus geführt.

Während in der Gaststube verhandelt wurde, warteten die Panzerfahrer und MG-Schützen neben ihren Fahrzeugen, rauchten und ließen sich von der Menge bestaunen. Es waren kräftige Burschen mit schmalen Ordensschnallen und breiten Boxergesichtern. Während die Dorfjugend auf den Panzern herumturnte, meinte ein

Sergeant, der ein deutsches Sportabzeichen als Siegestrophäe an der Mütze trug, Tyrol sei a beautiful country. Ein Kamerad nickte, warf seine kaum angerauchte Chesterfield achtlos auf die Straße und merkte gar nicht, wie wir dabei zusammenzuckten. Später tauchte Uli Haupt auf und verwickelte die Boys, da er in Chikago großgeworden ist, in ein längeres Gespräch, das ihnen viel Freude machte. Von der Zigarette, die man ihm anbot, trat er mir zwei Züge ab. Kyrath stand, den Hörapparat in der Hand, lächelnd dabei, hatte seinen ältesten Trachtenhut auf dem Kopf und rechnete damit, daß sich unter den Helden aus Übersee ein Andenkenjäger fände. Doch sie interessierten sich, fast zu seinem Verdruß, nicht für alte Hüte.

Sie interessierten sich nicht einmal sonderlich für die vielen kleinen Trupps deutscher Soldaten, die, von den verschneiten Pässen herunterkommend, ohne Orden und Rangabzeichen, fußkrank und schneeblind, auf Zweige gestützt vorüberhumpelten oder stehenblieben, um sich gefangennehmen zu lassen. Die Amerikaner zeigten nur mit dem Daumen talabwärts, und so zogen die Reste der geschlagenen Armee weiter. Viele Kameraden, erzählten sie uns, seien im Po ertrunken und andere droben auf den Pässen erfroren.

Ein einziges Mal hoben die Amerikaner erstaunt die Brauen. Als ein junger Leutnant, mit umgeschnalltem Revolver und sechs Mann, auf sie im Gleichschritt losmarschierte, die Abteilung halten ließ und, mit der Hand an der Mütze, einem der Sergeants Meldung erstattete. Auch dieses Grüppchen kam von den Pässen herunter. Auch sie kamen aus der Po-Ebene. Doch sie sahen aus, als hätten sie höchstens einen mittleren Gepäckmarsch hinter sich. Die Amerikaner hielten Kriegsrat und gaben dem Leutnant und seinen sechs Mann schließlich einen ihrer MG-Schützen mit. Er verschwand mit ihnen, nicht als sei er ihr Aufpasser, sondern eine Ehrengarde.

Später rollten die Panzer wieder nach Schwaz hinunter, und das Auto mit dem weißen Fähnchen kletterte wieder nach Hintertux hinauf. Wir hatten ein kleines Stück Geschichte gesehen, als wären es ein paar Meter Bergfilm gewesen, und waren wieder unter uns. In den nächsten Tagen werden andere Amerikaner kommen und die Ortsverwaltung übernehmen. »Armeerikaner«, sagte jemand aus Jux.

Alfred und Willi sind seit dem Auftauchen der Panzer nicht müßig gewesen. Sie tragen eine Art Räuberzivil, wohnen jetzt bei Steiners und haben ihren Lastwagen und sechshundert Liter Benzin ›der Ufa zur Verfügung gestellt‹.

Unser Lastwagenpark à discretion hat sich um einen LKW nebst Anhänger vergrößert. Das Fahrzeug gehörte zur ›Marsfilm‹, einer Gründung des OKW, also einer militärischen Formation im Dienste der Filmpropaganda. Die jetzigen Eigentumsverhältnisse sind weniger klar. Bis auf weiteres gehört der Wagen jedenfalls dem Leutnant H. und dem Unteroffizier R., einem Kulturfilmproduzenten und einem unseren UFA-Fachleuten wohlbekannten Aufnahmeleiter. Die beiden wußten, daß Eberhards Gruppe in Mayrhofen ist, und haben sich aus Norddeutschland nach Tirol, nicht ohne Abenteuer, durchgeschlagen.

Nachdem sie in der Lüneburger Heide die Braut des Leutnants, seine Anzüge, Wäsche, Schuhe und ein paar kleinere antike Möbelstücke abgeholt und in Berlin des Unteroffiziers Habseligkeiten mitgenommen hatten, gerieten sie, Mitte April, in einen Tieffliegerangriff, wobei die Braut und der Fahrer ums Leben kamen. H. erhielt einen Durchschuß durch den Oberarm, und R. wurde von Splittern getroffen, deren einer noch unter der Stirnhaut sitzt und wie eine blaue Beule hin- und herwandert. Völlig unbeschädigt blieb nur ein Kamerad, der im Anhänger saß und mit dem Rucksack, der Butterbüchse und der Feldflasche auf den Knien, beim Frühstücken war.

Nun wohnen auch H. und R. bei Steiners, kurieren ihre Wunden und ihre Trauer, so gut es geht, und geben uns von ihrem ›Reiseproviant‹ ab. Außerdem hat mir der Leutnant ein Paar Schuhe geschenkt und der deutschen Literatur damit einen außerordentlichen Dienst erwiesen. Denn ich ging in der letzten Zeit nicht mehr auf den Schuh-, sondern auf den Fußsohlen. Daß er mir, während unserer ersten Unterhaltung am Gartentisch, keine Zigarette anbot, war die schiere Gedankenlosigkeit. Er rauchte, eine fast volle Schachtel lag vor ihm, mir wurde vor Gier nach Tabak geradezu schwindlig, und ich sagte viel zu laut: »Geben Sie mir eine Zigarette!« Da wurden wir beide rot.

Aufnahmeleiter sind notwendigerweise gewitzte Naturen, oder sie haben ihren Beruf verfehlt. Unser Unteroffizier scheint einer der weniger gewitzten zu sein. Vielleicht liegt es aber auch nur an seiner Wanderbeule auf der Stirn. Jedenfalls gehören er und sein Kopf zu den zahllosen Dummköpfen, deren Credo in dem Satze gipfelte: ›Daß es so schlimm gewesen und geworden ist, hat nicht am Hitler, sondern an den Mitarbeitern gelegen.‹ Außerdem kommt diese Version ihrem Gewissen zupasse. Indem sie seine Schuld vermindern, reduzieren sie ihre Mitschuld.

Auch R. steckt, wie fast jeder Soldat, voller Geschichten, worin sich die charakteristischen Mängel des vielgepriesenen deutschen Organisationstalentes veranschaulichen. Es sind stets die gleichen Mängel. Es sind haarsträubende Mängel. Es sind Mängel des deutschen Charakters. Wenn es, wie bei Rückzügen Hals über Kopf, auf Biegen oder Brechen geht, muß man sich biegen können. Man muß sich der Lage anpassen. Man muß elastisch sein. Man muß improvisieren. Man darf nicht subaltern sein. Wenn der Fahrplan durcheinandergerät, darf man sich nicht mehr daran halten, sonst stoßen die Züge zusammen. Die Deutschen glauben nicht an das, was sie sehen, sondern an den Fahrplan. Und sie gehorchen ihm noch, wenn sie nicht mehr an ihn glauben. Ihr Gehorsam ist schwachsinnig. Er ist verbrecherisch. Und wenn man sie anklagt, zeigen sie mit Fingern auf den Fahrplan. Dann schreien sie: »An die Laterne mit ihm!«

Auch unser R. erzählte also seine Geschichte. Sie handelte von einem großen Verpflegungslager, das bereits unter Beschuß lag, und von ihm selber als einem von zweihundertfünfzig Unteroffizieren, die gekommen waren, um für ihre Einheiten Lebensmittel, Schnaps und Zigaretten zu fassen. Die lange Kette der Kuriere wurde von schwerbewaffneten Streifen bewacht, und einer aus der Reihe, der hintenherum ein Stück Fleisch ergattert hatte, wurde sofort erschossen. Alles andere ging wesentlich langsamer voran. Denn der Feldwebel der Lagerverwaltung mußte alles, was er ausgab, achtmal verbuchen. Und er tat, obwohl der Feind immer näherrückte, ungerührt seine Pflicht. Dabei hatte er schon den Befehl in der Tasche, den Rest des Lagers am Abend in die Luft zu sprengen. Doch auch die Bestände, die er, infolge Zeitnot, nicht mehr würde ausgeben können, mußte er, ehe er sie in die Luft jagte, achtfach verbuchen! So lautete sein Auftrag, und er ließ sich davon nicht abbringen. Bedarfsgegenstände, die in der Eile nicht gefragt waren, hatten seine Helfer schon gezählt, z.B. gewaltige Mengen von Damenbinden und, wie sich R. noch genau erinnert, 280000 Füllfederhalter. Wie der achtfach verbuchte Alptraum geendet hat, weiß R. nicht. Er machte sich, nachdem er acht Quittungen gegengezeichnet hatte, mit seinem LKW aus dem Staube. So wußte er nicht, ob der böse Feind eine Stunde zu früh eingetroffen sei und den fleißigen Feldwebel überrascht habe, bevor er zur Sprengung schritt. Dann hat er sicher, unter Bezugnahme auf den Sommerfahrplan 1945, die Cowboys gehörig angepfiffen und zurückgeschickt. Auch wer zu früh kommt, ist unpünktlich! Und mit unpünktlichen Völkern kommt man schon im Frieden nicht zurecht, geschweige denn im Krieg!

Drei deutsche Armeen, die sich in Mecklenburg den Engländern ergeben wollten, sind von Montgomery nicht akzeptiert worden. Er hat die Annahme verweigert. Und er hat sie an die Russen verwiesen. Der Kriegsschauplatz wird zum Arbeitsmarkt. England braucht keine Fremdarbeiter aus Deutschland. Rußland hat Bedarf. Doch wer möchte schon in den Ural und nach Sibirien? So wird sich dort oben der Kampf um den Stellenmarkt noch ein paar Tage hinschleppen.

Frank, Frick und Amann sind gefangengenommen worden. Georg Jakobi, der Marika Rökks Baby ausfuhr, erzählte mir, daß ihm in Fügen ein General bis zuletzt versichert habe, der Sieg sei immer noch möglich. Und er, Jakobi, habe es geglaubt. Da kann man nichts machen.

Mayrhofen, 6. Mai 1945

Reste der Südarmee kommen in immer größeren Trupps von den Pässen herunter. Humpelnd, mit umwickelten Füßen, in Zivilanzügen, die zu groß oder zu klein sind, auch in Uniform, aber mit Filzhüten auf dem Kopf. Die Einwohner laufen den Zillergrund hinauf und tragen den armen und erschöpften Kerlen die Rucksäcke, Tornister und Kartons bis zum Marktplatz. Dort wird das Gepäck auf ein Pferdefuhrwerk geladen, nach Zell transportiert und aufs nächste Fuhrwerk verfrachtet.

So haben die traurigen Gestalten wenigstens nur die eignen Füße weiterzuschleppen. Und schon das ist mühselig genug. Manche machen vorübergehend schlapp. Sie werden auf einem improvisierten Verbandsplatz, dem Schulhaus gegenüber, mit Kamillenfußbädern, Salbe und frischen Mullbinden traktiert. Weiter wollen sie nichts, weil sie weiterwollen. Sie wollen heim. Bis nach Schlesien. Bis nach Ostpreußen. Wo ein Wille ist, denken sie, sei auch ein Weg.

Drei von ihnen fragten mich, ob ich ihnen tausend Lire wechseln könne. Ich schenkte ihnen zwanzig Mark. Ein Offizier, heißt es, habe, mit einem Rucksack voller Tausendlirescheine, beim Pfarrer vorgesprochen und den frommen Mann ersucht, ihm wenigstens einen Teil des Geldes in Reichsmark umzutauschen. Der Pfarrer habe ihn jedoch aus dem Tempel gejagt. Das Beispiel regt zum Rechnen an. Wenn der Halunke auch nur hundert Päckchen zu hundert Scheinen bei sich trug, kehrte er als zehnfacher Liremillionär in die teure Heimat zurück. Mehr kann man, als Soldat und brav, von einem verlorenen Kriege wirklich nicht erwarten.

Die Rucksäcke der simpleren Landsknechte wiegen schwerer. Und der Inhalt ist weniger wertvoll. Trotzdem herrscht, in und vor den Häusern und Gasthöfen, ein schwunghafter Tauschhandel. Die Nachfrage nach Hüten kann kaum befriedigt werden. Der Kurs schwankt. Joppen und Jacketts werden mit hundert Zigaretten gehandelt, und komplette Anzüge mit einem Pfund Kaffee. Da die Kaffeebohnen grün sind, hat die würzige Bergluft an Aroma noch gewonnen. In fast jeder Küche steht die Hausfrau am Herd, rührt hingebungsvoll im Tiegel und röstet Kaffee. Und die Männer plündern den Kleiderspind.

Mit einem der Soldaten gerieten wir ins Gespräch, während er sich rasierte. Er hatte einen Handspiegel an die Friedhofsmauer gelehnt und schabte sich die Stoppeln in Gegenwart der Lebendigen und der Toten. Die frisch erworbene Bauernjoppe lag neben dem Spiegel. Die Uniformjacke hatte er einem kleinen Jungen geschenkt, der darin wie in einem Mantel herumstolzierte. Den Übergang über den Po, sagte der Soldat, werde er nicht so bald vergessen. Die Offiziere hätten den Fluß auf Fähren überquert, und die Mannschaften hätten zusehen können, wo sie blieben. Noch am Brenner habe die SS viele über den Haufen geschossen. So seien er und andere eiligst umgekehrt, um unbewachte Pässe auszukundschaften. Die Verwundeten und Kranken lägen wohl jetzt noch marschunfähig auf der italienischen Seite der Berge.

Morgen sollen die Lebensmittelkarten beschnitten und, statt der kupierten Kupons, Gutscheine ausgegeben werden, die zur Teilnahme an der Gemeinschaftsverpflegung berechtigen. Heute abend wird der amerikanische Ortskommandant erwartet.

Ich beginne mich wieder für mein Stück ›Die Schule

der Diktatoren‹ zu interessieren. Es machte, jahrelang, sogar kein Vergnügen, Szenen und Dialoge niederzuschreiben, die, im Anschluß an eine Haussuchung, den Kopf gekostet hätten. Und man braucht Zeit, sich an den Gedanken zu gewöhnen, daß es nun nicht mehr den Kopf kostet.

Mayrhofen, 7. Mai 1945

Noch immer kommen Soldaten in Rudeln, in Trupps und paarweise von den Pässen herunter. Als wir den Zillergrund hinaufstiegen, sahen wir im Schnee, links und rechts vom Weg, sonderbare Gebirgsblumen leuchten, in Bunt und Gold und Silber: Epauletten, Kokarden, Tressen und Ordensspangen, Alpenflora 1945. Und an einer Felsnase klebte ein Schild mit der Aufschrift: ›Karl Funke, melden in Mayrhofen Haus 129, Hilde.‹

Die Trollblumen, der Hahnenfuß und der Enzian auf den Wiesen haben den Dreitageschnee überdauert. Sie richten sich wieder auf. Weder der angekündigte Ortskommandant noch andere Amerikaner haben sich blikken lassen. Die Leute laufen betreten durch die Straßen. Die kurze Pause im Geschichtsunterricht macht sie nervös. Die Lücke zwischen dem Nichtmehr und dem Nochnicht irritiert sie. Die Bühne ist hell, aber leer. Wo bleiben die Schauspieler? Geht denn das Stück nicht weiter? Die Geschäfte haben geschlossen. In den Schaufenstern und an den Türen liegen und hängen Schilder und Zettel: ›Ausverkauft!‹

Heute früh sechs Uhr hat man die Direktorin, das Kind und die drei anderen Toten begraben, und zwar zwei der fünf außerhalb des Friedhofs, nicht weit vom Gittertor, da sie, nach den Angaben des nur verwundeten Lehrers, die Schüsse abgefeuert hätten. Nun, tot ist tot, und die Erde, ob vorm oder hinterm Tor, ist die gleiche.

Der Sender Flensburg gab bekannt, Jodl habe die Kapitulationsurkunde unterzeichnet, und morgen träte sie in Kraft. Der Sender Böhmen nannte, in Schörners Auftrag, diese Meldung eine Feindlüge. Und die Russen ließen mitteilen, man habe in Berlin die Leichen von Goebbels, seiner Frau und den Kindern gefunden und identifiziert.

Jetzt schweigen die Sender. Es ist still im Haus. Nur die Maikäfer, die kleinen gepanzerten Flieger, stoßen mit den Köpfen gegen das erleuchtete Fenster.

Mayrhofen, 8. Mai 1945

Jodl hat die bedingungslose Kapitulation unterzeichnet. In Reims. Der Rundfunk überträgt die Siegesfeiern und den Jubel, der draußen herrscht. Alle miteinander sind stolz darauf, was sie in fünf Kriegsjahren geleistet haben. Und sie haben Grund, sich zu rühmen. Aber sie werfen uns vor, daß es ihrer Anstrengungen bedurfte. Was sie getan hätten, sei unsere Aufgabe gewesen. Wir, die deutsche Minorität, hätten versagt. Das ist ein zweideutiger Vorwurf. Er enthält nur die halbe Wahrheit. Sie verschweigen die andere Hälfte. Sie ignorieren ihre Mitschuld. Was sie verschweigen, macht das, was sie aussprechen, zur Phrase, und wir sind im Laufe der Zeit gegen Phrasen sehr empfindlich geworden. Auch gegen liberale Phrasen. Auch gegen Phrasen aus Übersee. Die

Sieger, die uns auf die Anklagebank verweisen, müssen sich neben uns setzen. Es ist noch Platz.

Wer hat denn, als längst der Henker bei uns öffentlich umging, mit Hitler paktiert? Das waren nicht wir. Wer hat denn Konkordate abgeschlossen? Handelsverträge unterzeichnet? Diplomaten zur Gratulationscour und Athleten zur Olympiade nach Berlin geschickt? Wer hat denn den Verbrechern die Hand gedrückt statt den Opfern? Wir nicht, meine Herren Pharisäer!

Sie nennen uns das ›andere‹ Deutschland. Es soll ein Lob sein. Doch Sie loben uns nur, damit Sie uns desto besser tadeln können. Beliebt es Ihnen, vergessen zu haben, daß dieses andere Deutschland das von Hitler zuerst und am längsten besetzte und gequälte Land gewesen ist? Wissen Sie nicht, wie Macht und Ohnmacht im totalen Staat verteilt sind? Sie werfen uns vor, daß wir nicht zu Attentaten taugen? Daß noch die Trefflichsten unter uns dilettantische Einzelmörder unübertrefflicher Massenmörder waren? Sie haben recht. Doch das Recht, den ersten Stein gegen uns aufzuheben, das haben Sie nicht! Er gehört nicht in Ihre Hand. Sie wissen nicht, wohin damit? Er gehört, hinter Glas und katalogisiert, ins Historische Museum. Neben die fein säuberlich gemalte Zahl der Deutschen, die von Deutschen umgebracht worden sind.

Der Äther ist geduldig. Stalin hat erklärt, Deutschland solle nicht zerstückelt werden. Doch es müsse sich selbst ernähren, haben englische Minister geäußert. Man werde nur eingreifen, falls Hungerepidemien aufträten. Hauptmann Gerngroß hat mitgeteilt, daß die unverbesserlichen Anhänger Hitlers nur nördlich des Mains lebten. Und der Sender Vorarlberg pries die engelhafte politische

Unschuld der Österreicher. Das künftige Schicksal des Altreichs gehe sie nichts an. Es interessiere sie nicht. Ihre Freunde wohnten hinter anderen Grenzen. Die Unschuld grassiert wie die Pest. Sogar Hermann Göring hat sich angesteckt. Er sei von Hitler zum Tode verurteilt und von der SS inhaftiert worden. Erst Angehörige der Luftwaffe hätten ihm das Leben gerettet. Man sieht, der Engel der Unschuld hat sich mit fast jedem eingelassen, und nun wollen sie alle ins Krankenhaus.

Prag und Dresden sind eingenommen worden. Mayrhofen verwaltet sich selber. Nach 21 Uhr darf niemand mehr auf der Straße sein. Und ein Anschlag besagt, daß wir, die Flüchtlinge, wegen der angespannten Ernährungslage, ausgewiesen werden sollen.

Mayrhofen, 9. Mai 1945

Der gestrige Anschlag für die Flüchtlinge, der ein Anschlag auf die Flüchtlinge war, ist abgeändert worden. Man will uns nicht auf die Landstraße setzen, sondern erwartet, daß wir freiwillig gehen. Man packt uns beim Portepee, aber wir haben keins. Der Wunsch, uns loszuwerden, ist verständlich. Man möchte ohne Gäste am Hungertuche nagen. Das ist ganz gut und schön, doch wo sollen wir hin? Ins nächste amerikanische Lager? Zu Fuß und aus freien Stücken? Da sind wir schon lieber unhöflich.

Der gleiche Anschlag gibt eine Verschärfung des Ausgehverbots bekannt. Gestern durften wir bis neun Uhr abends umherspazieren, ab heute nur noch bis sieben Uhr. Warum und wozu, weiß kein Mensch. Fast zwei Stunden, bevor es dunkel wird, hocken wir schon in den Stuben, freuen uns der wiedergewonnenen Gedankenfreiheit und dürfen nicht vors Haus treten. Man will, daß wir fortgehen, möglichst bis nach Berlin, und verbietet uns, am späten Nachmittag die Nase aus der Tür zu stecken. Vielleicht möchte man uns und sich selber beweisen, daß regiert wird. Vor einschneidenden Maßnahmen, wie der Gemeinschaftsverpflegung, schreckt man zurück, oder man widerruft sie, wie das Ausweisungsdekret. Also untersagt man uns den Abendspaziergang und betet, daß die Amerikaner endlich, endlich ein paar Uniformen heraufschicken.

Die einzige ernsthafte Verordnung, zu der man sich durchgerungen hat, erfuhren wir gesprächsweise. Es ist untersagt, Ausländer zu beschäftigen. Eine Ärztin aus Königsberg bot dem ortsansässigen und überbeanspruchten Kollegen ihre Hilfe an. Er hätte Mithilfe dringend nötig. Er weiß nicht, wo ihm der Kopf steht. Trotzdem mußte er das uneigennützige Angebot rundweg ablehnen. Im Hinblick auf zu erwartende, etwa von der Front und aus aufgelösten Lazaretten heimkehrende österreichische Mediziner. Wann und ob solche Kollegen kommen werden, weiß niemand. Aber das Beschäftigungsverbot gilt. Die Ärztin aus Königsberg ist eine Ausländerin. Womöglich ist sie nicht einmal katholisch. Die Kranken müssen warten. Und morgen ist Himmelfahrtstag.

Mayrhofen, 10. Mai 1945

Der Zug der humpelnden Soldaten reißt nicht ab. Um ein bißchen Geld in die Hand zu bekommen, verkaufen sie Zigaretten. Der Preis schwankt zwischen zwei und drei Mark pro Stück. Die Nachfrage nach Zivilkleidung hält an. Das Angebot ist gleich Null. Die Schränke sind leer. Einer aus dem Nachbarhaus erhielt für eine alte Hose vierhundertfünfzig Zigaretten. Dafür gäbe auch ich gern eine Hose her. Aber ich habe nur die eine, die ich trage. Das Geschäft und das Resultat wären gegen die Moral. Mit nur einer Hose ist man nicht geschäftsfähig.

Bei Steiners bot ein Gefreiter für einen Zivilanzug drei Pfund Dauerwurst, zwanzig Zigaretten und hundert Mark in bar. Der Handel zerschlug sich. Vater Steiner fand, der Preis entspreche nicht der angespannten Marktlage. Als einer der Umstehenden auf die zwecklos im Schrank hängenden Anzüge der beiden gefallenen Soldaten anspielte, wurde die Stimmung bedrohlich. Doch der Alte verschluckte seinen Zorn und schlug die Tür zu.

Während wir heute im Waldcafé saßen, kehrte ein Soldat in halbziviler Tracht ein und hängte, um sich nach Tagen wieder einmal zu rasieren, die Joppe über den Stuhl. »Da staunt ihr, was?« sagte er, und wir staunten tatsächlich. Denn er trug statt des Militärhemdes eine seidene, nicht mehr ganz weiße Damenbluse mit halblangen und glockig verarbeiteten Ärmeln. Das erschöpfte und stoppelige Mannsgesicht über der verlockend ausgeschnittenen Bluse verzog sich zu einem ironischen Lächeln. Der Anblick war so grotesk, daß wir vergaßen zurückzulächeln.

Mit dem Lächeln ist es überhaupt so eine Sache. Der Rückmarsch einer geschlagenen Armee und der Rückweg zum Ebenbild Gottes sind nicht ganz und gar oder, noch präziser, ganz und gar nicht ein und dasselbe. Eine Bäuerin, die aus Gutmütigkeit drei Soldaten für die Nacht im Haus aufgenommen hatte, fand am nächsten Morgen weder die Soldaten vor noch das eigne bißchen Geld, noch den Sonntagsschmuck in der Lade.

Die Verschärfung des Ausgehverbots scheint ernstere Gründe zu haben, als ich dachte. In Fügen, wird erzählt, habe ein deutscher Offizier einen Amerikaner erschossen. Daraufhin seien zwanzig deutsche Soldaten an die Wand gestellt und alle Gemeinden im Zillertal angewiesen worden, die Straßen schon ab 19 Uhr zu sperren.

Mayrhofen, 17. Mai 1945

Vorgestern ist Rauter, der Architekt, wieder aufgetaucht. Er war noch in letzter Kriegsminute nach Landeck eingezogen worden, sieht reichlich mitgenommen aus und hat alle Ursache, so auszusehen. Vor ein paar Wochen zeigte er uns noch, nichts Böses ahnend, Zillertaler Dörfer und Bauernhöfe und erläuterte höchst sachkundig deren Stil und Anlage. Wenn er nun berichtet, was ihm seitdem widerfahren ist, glaubt man, das Referat über einen Schnellkursus in Abenteuern zu hören.

Als man ihn und die andern, lauter ungediente Leute und vorwiegend Schüler und halbe Kinder, in Uniformen steckte und mit Gewehren und Handgranaten versah, war im Rundfunk bereits von Kapitulation die Rede. Trotzdem wurden sie losgeschickt, um den Fernpaß zu verteidigen. Schon beim ersten Zusammenstoß mit den schwerbewaffneten und kampferfahrenen Amerikanern blieb von ihnen kaum die Hälfte übrig. Mit diesem Ereignis war aber die höhere Führung noch lange nicht zufrieden. Immer wieder wurden sie in neuen Widerstandslinien aufgefangen, obwohl sie gar nicht fähig waren, Widerstand zu leisten. Man hätte den von Etappe zu Etappe dahinschmelzenden Rest ebensogut mit Benzin übergießen und anzünden können. Nur die Stabskompanie, alte Frontkämpfer, machte den Amerikanern acht Stunden zu schaffen. Dann zog sich die Kompanie, noch drei Mann stark, in die nächste Stellung zurück. Schließlich fanden sogar einige Generäle, daß es genug sei, und wollten den Kampf einstellen. Da aber kam der Kreisleiter, verhandelte mit ihnen, und so nahm das abscheuliche Schlachtfest, fast schon ohne Opfer, seinen Fortgang.

Nachdem der Regimentskommandeur in Gefangenschaft geraten war, unterschrieb ein barmherziger Major die Entlassungspapiere der knapp Davongekommenen, und nun stiegen ein Dutzend Kinder in Uniform und ein paar Männer in den Bergen hin und her, bis sie einer amerikanischen Patrouille in die Arme liefen und nach Innsbruck gebracht wurden. Hier in der Stadt, die Rauter wie seine Westentasche kennt, fand sich alles Weitere sehr rasch: ein Zivilanzug, ein Krankenschein, ein Sanitätsauto bis Jenbach und ein für Bargeld nicht unempfänglicher Chauffeur, der nicht in Jenbach, sondern erst in Mayrhofen hielt, vorm Haus des Arztes, mit dem Rauter befreundet ist.

Was er am Fernpaß erlebt hat, hätten wir, als Tiroler Standschützen, am Brenner erleben können. Ob so zählebig wie er und mit so viel Glück im Unglück, ist die Frage.

Kyrath deutete an, wie schwer es Marion, seine Braut, als Kind gehabt hat. Sie zählte als ›Mischling‹, und als die Mutter, eine Jüdin, gestorben war, wurde es noch schlimmer. Bis auf die Straße schrie ihr der Vater, wenn er sich über sie geärgert hatte, nach, daß er sie eines Tages noch ins Konzentrationslager bringen werde.

Das erinnerte mich an meine zufällige Begegnung mit Hans Natonek am Kurfürstendamm. Es ist etwa zehn Jahre her. Er hatte die Papiere für Amerika in der Tasche, und als ich ihn nach seiner Familie fragte, begann er lautlos zu weinen. Wenn ihm seine Kinder, abends vorm Haus, entgegengelaufen seien und ihn umhalst hätten, habe seine Frau, vom Fenster aus, sie keifend zurückgerufen und ihnen, weithin hörbar, verboten, ihren Vater zu küssen, da der Mann ein Jude sei.

Mir fiel aber nicht nur Natonek ein, sondern auch Rechtsanwalt Schröder, dem man nahegelegt hatte, sich von seiner jüdischen Frau ›wegen unüberwindlicher Abneigung‹ zu trennen. Er antwortete, daß er sich von ihr nicht trennen werde und könne, und zwar ›wegen unüberwindlicher Zuneigung‹.

Die Obstbäume und die Kastanienkerzen sind verblüht. Jetzt blühen Flieder und der Goldregen. Die Zillertalbahn, sagt man, sei heute zum ersten Male wieder in Mayrhofen eingetroffen. Da ich nicht am Bahnhof war, weiß ich nicht, ob es stimmt. Was ich zuverlässig weiß, ist, daß die amerikanische Ortsverwaltung noch immer nicht eingetroffen ist. Manchmal fahren Jeeps mit Soldaten durch den Ort, die offensichtlich dienstfrei haben und kleine Ausflüge machen.

Gestern begegneten wir sogar einem einzelnen Amerikaner, der sich zu Fuß fortbewegte. Im Waldpark, auf dem Weg, der von Bänken des Verschönerungsvereins flankiert ist. Es war ein riesenhafter Neger. In der einen Hand hielt er, an einer langen Spitze, eine qualmende Zigarette und in der anderen Hand, für alle Fälle, ein aufgeklapptes, blitzendes Messer. Als er merkte, daß auch wir einen friedlichen Spaziergang machten, lächelte er breit und sagte, mühsam erlernt: »Grieß Goot!«

Es soll, was nicht verwunderlich ist, auch andere Sieger geben. Sie requirieren, wenn sie deutsche Soldaten nach Waffen durchsuchen, auf eigne Faust deren Ringe und Uhren und tauschen die Beute bei den Bauern gegen

Obstschnaps ein. Es würde mich nicht wundern, wenn unter den Wertsachen auch Ringe und Uhren aus ursprünglich italienischem Besitz wären.

In Innsbruck, heißt es, suchten zahlreiche Leute und Instanzen der österreichischen Widerstandsbewegung den Amerikanern jeden Wunsch von den Augen abzulesen. Sie benähmen sich, zum Gaudium der Fremden, wie apportierende Hündchen. Und auch an Tiroler Bräuten fehle es den Siegern natürlich nicht. Sie bezögen Wohnungen, setzten die Inhaber im Handumdrehen vor die Tür, und dann fielen die gefälligen jungen Damen, kürzlich noch mit der SS und der Wehrmacht verlobt, über die Schränke her. Sie zögen sich wieder einmal aus, um sich wieder einmal einzukleiden. Ben Akiba, wenn er's erleben könnte, hätte seine helle Freude daran.

Krieg und Nachkrieg waren, von Schlimmerem abgesehen, immer auch Flutzeiten des Fremdenverkehrs, und so herrscht auch jetzt Hochsaison. Da es sich, etwa im Gegensatz zum Wintersport, um fast nur aus Männern bestehende Reisegesellschaften handelt, spielt sich der Fremdenverkehr einseitiger als sonst ab. Skilehrer, Bauernburschen und Etagenkellner können diesmal zur Entlastung der entsprechend weiblichen Bevölkerung nichts Nennenswertes beitragen. Das dürfte hier und da zu Engpässen und Preistreibereien führen. Solche dem Fremdenverkehr abträglichen Schönheitsfehler wären leicht zu vermeiden gewesen, wenn die amerikanischen Generäle den Sieg der Lage angepaßt und auch ihn in eine Vor-, eine Haupt- und eine Nachsaison aufgeteilt hätten.

Noch ersprießlicher und radikaler würde sich ein internationales Übereinkommen auswirken, das den Fahneneid um das Keuschheitsgelübde bereicherte und wonach auf den Beischlaf in Feindesland die Todesstrafe stünde. Bei einem entsprechenden Kriegsartikel wären schon die Kreuzritter zu Hause geblieben.

Im Rundfunk wurden die Berliner Lebensmittelrationen bekanntgegeben. Butter sei sehr knapp. Aber Brot werde reichlich zugeteilt. Und die geistigen Arbeiter erhielten Schwerarbeiterzulage. Auch die russischen Kommentare klingen freundlicher und verständnisvoller als die der Westmächte. Die Anklagen sind wattiert. Stalin spielt Rotkäppchens falsche Großmutter. ›Damit ich dich besser fressen kann.‹

Mayrhofen, 18. Mai 1945

Die amerikanischen Kampftruppen, die das Zillertal beaufsichtigen, gehören zur Rainbow-Division. Sie langweilen sich und machen daraus keinen Hehl. Sie wären lieber zu Hause, als in Tiroler Dörfern Wache zu schieben. Aber sie schieben lieber in Tirol Wache, als nun auch noch, womöglich, den japanischen Kriegsschauplatz kennenzulernen.

Lindlay Frazer sprach im Rundfunk über die englische Rationalisierung der Lebensmittel während des Krieges, und wir waren einigermaßen verblüfft. Warum eigentlich? Worüber denn? Daß Goebbels auch als Topfgucker gelogen hat? Er servierte uns die Not der anderen als markenfreie Mahlzeit. Es war ein billiges Essen. Der Preis war in der Rundfunkgebühr inbegriffen. Über den Nährwert einschlägiger Lügen, speziell über ihren Eiweißgehalt gehen die Meinungen auseinander.

Propaganda, selbst die tüchtigste, ist den Anforderungen, die der totale Staat stellt, nicht gewachsen. Sie läßt der Privatmeinung noch zuviel Spielraum. Man wird zwingendere Methoden finden müssen, und man wird sie finden. Lenkung durch Hypnose wäre ein gangbarer Weg, mittels ärztlich geschulter Staatskommissare. Meinungsempfang einmal wöchentlich in allen Großbetrieben, vor riesigen Fernsehapparaten. (Mindestens hundertmal so groß wie das Bildfeld auf dem Postamt in der Giesebrechtstraße.) Propaganda ist Überredung und gestattet Zweifel. Hypnose produziert Überzeugung.

Doch zurück zu Lindlay Frazer. Brot, Kartoffeln und Gemüse waren während des ganzen Krieges in England nicht bewirtschaftet. Wild, Geflügel und Wurst konnte man ohne Marken kaufen. Das Essen in den Gasthäusern und Kantinen war frei. Und die Zuteilung an Käse betrug pro Kopf und Woche zweihundert Gramm. Was Goebbels dem deutschen Volk erzählen ließ, klang ein wenig anders.

Hat Frazer die Wahrheit gesagt? Seine Ziffern über die Auswirkung der Bombenangriffe und V-Waffen stimmten uns skeptisch. Es habe einhundertfünfundzwanzigtausend Tote und Verwundete gegeben, und ein Viertel aller Häuser sei zerstört und beschädigt worden. Die beiden Zahlen reimen sich schlecht zusammen. Hat auch Frazer nicht die Wahrheit gesagt?

Über einen anderen Sender hörten wir soeben Aussagen vom Stenographen Hitlers. Keitel, Bormann und andere hätten ihren Führer zum Verlassen Berlins bewegen wollen. Er aber habe darauf bestanden, da alles verloren sei, in Berlin zu sterben. Die Paladine könnten ihn getrost verlassen, es sei ihm recht. Martin Bormann habe geantwortet: »Das ist das erste Mal, daß ich Ihnen nicht gehorche.« Ob Bormann schließlich doch gehorcht hat oder nicht, ist vorläufig unbekannt.

Sonst? In Berlin sei ein Stadtrat zusammengerufen worden, und einer der Stadträte sei Sauerbruch. Dreißig Kinos spielten bereits wieder, und weitere Eröffnungen stünden unmittelbar bevor.

Mayrhofen, 19. Mai 1945

Pfingstsonnabend. Während die russisch dirigierten Sender Berlin und Graz laufend über Fortschritte beim Verwaltungsaufbau und bei den Aufräumungsarbeiten berichten und mitgeteilt haben, daß dreißigtausend Tonnen Weizen aus dem Osten unterwegs seien, beschränken sich die von den Amerikanern und Engländern kontrollierten Stationen auf politische Meldungen. Sie erzählen, daß man noch immer nach Himmler und Ribbentrop fahnde und daß man Rosenberg in einem Flensburger Krankenhaus gefaßt habe. Warum ist die westliche Propaganda so vornehm? Weshalb verschenkt sie ihre Chancen?

Daß die Bevölkerung Konstruktives zehnmal lieber vom Westen als von den Russen hören möchte, steht außer Frage. Erst an der Elbe, dann vor Berlin und nun in der Propaganda, stets warten die Westmächte an der offenen Tür und sagen zu Stalin: »Bitte, nach Ihnen!« Was soll die falsche Vornehmheit? Glaubt man, die Demokratie bedürfe, weil sie eine gute Sache ist, keiner Empfehlung? Hält man, Besiegten gegenüber, Wettbewerb für überflüssig? Für unfein? Das wäre ein folgenreicher und irreparabler Denkfehler.

Wenn meine Muttter ironisch gestimmt ist, pflegt sie zu sagen: »Nobel geht die Welt zugrunde.« Die demokratische Welt muß sich hüten, den Sieg herzuschenken. Das täte sie, wenn sie nun, nach dem Krieg, nicht auch den Frieden gewönne. Die ersten Wochen nach einer Kapitulation sind kostbare Minuten der Geschichte. Sie lassen sich nicht vertagen und nicht nachholen.

Die Engländer melden, Rosenberg habe, bei Vernehmungen an seinem Krankenbett in Flensburg, behauptet, von der Existenz deutscher Konzentrationslager nichts gewußt zu haben. Es gibt Lügen, deren Unverfrorenheit einem die Sprache verschlägt.

Morgen, am Pfingstsonntag, sollte in Zell am Ziller eine Parade des dort stationierten Bataillons der Regenbogen-Division stattfinden, und die Ufa hatte den Auftrag erhalten, mit der großen Kamera, mit Handkameras und mit dem Tonwagen ›Wochenschau‹ zu spielen. Heute wurde das Militärschauspiel plötzlich abgeblasen. Es scheint, daß sich die Amerikaner ›das liebliche Fest‹ nicht leisten können. Der Kleinkrieg gegen versprengte SS geht vor.

In Bayern haben die amerikanischen Behörden, wie der Münchner Sender bekanntgab, zweierlei strikt verboten: jegliche Parteienbildung und das Abhalten von Versammlungen.

Berlin meldet, daß im Großen Saal des Rundfunks an der Masurenallee, im Beisein hoher Offiziere der Roten Armee, das erste öffentliche Konzert stattgefunden und

Staatsschauspieler Viktor de Kowa die verbindenden Texte gesprochen habe.

Auch hier im Zillertal interessieren sich die fremden Offiziere für die deutsche Kunst. Sie schicken Jeeps nach Mayrhofen herauf und lassen Schauspielerinnen zu Parties abholen. Um öffentliche Darbietungen handelt es sich also nicht gerade, und das Ausleseprinzip, das den Einladungen zugrunde liegt, hat weniger mit dem künstlerischen Ruf der Damen als mit ihren, sagen wir, häuslichen Talenten zu tun. Die Einwohner sind empört, und auch die meisten Männer der Ufa bezeichnen diese Talente weniger summarisch als ich. Dabei liebedienern und scharwenzeln viele von ihnen selber um die fremden Uniformen herum, daß es schon nicht mehr schön ist. Und warum? Wegen einer Camel? Nein, dieses Schwänzeln ist deutsches l'art pour l'art.

Mayrhofen, 22. Mai 1945

Heute sind im Ort und rundum alle Heimkehrer verhaftet worden, soweit sie der SS angehört haben. Man will sie sammeln und zu Arbeitsbataillonen formieren. In vereinzelten Fällen wird sich die Verhaftung als unbillige Härte erweisen, wie bei Sepp Moigg, dem Sohn des Neuhauswirtes. Er war seinerzeit in die SS gepreßt worden, weil der Vater, als strenger Katholik, das Regime ablehnte. Es war ein Racheakt auf Gemeindebasis gewesen, eine Ranküne unter Bekannten, ein Tiefschlag gegen die Sippe. Die hohe Ehre, bei den Prätorianern zu dienen, wurde zur hohen Strafe. Wie ja auch die höchste Ehre, nämlich zu kämpfen und zu fallen, als immerhin zweithöchste Militärstrafe galt. Aus Schande wurde Ehre, aus Ehre wurde Schande, die Wertskala war umkehrbar.

Was ich bis heute nicht wußte, ist, daß jeder Angehörige der SS ein unverlierbares Erkennungszeichen bei sich trägt. Ihnen allen wurde die jeweilige Blutgruppe in die Achselhöhle tätowiert. Hatten Hitler und Himmler Angst, die Männer könnten die Zeichen A oder B oder o vergessen oder ihre Papiere verlieren? Man hatte wohl eher Angst, sie könnten Hitler und Himmler vergessen. Man versah sie, wenn auch nicht auf der Stirn, mit dem Kainsmal. Es ließ und läßt sich nicht fortwaschen. Man zeichnete sie, indem man vorgab, sie auszuzeichnen. Man versicherte sich ihrer Zuverlässigkeit, indem man sie abstempelte. Tätowierung der Lagerhäftlinge am Unterarm, Tätowierung der Wachtposten und Henker unter der Achsel, einmal als angebliche Schande, einmal als angebliche Ehre, wahnwitziges Indianerspiel germanischer Karl May-Leser, groteske Verwechslung von Tausendjährigem Reich und unabwaschbarer Tinte.

Schon im September 1934, anläßlich meiner ersten Verhaftung durch die Gestapo, fiel mir die infantile Indianerlust der Leute auf. Als man mich ins Vernehmungszimmer eskortierte, rief einer der Anwesenden höchst amüsiert: »Da kommen ja Emil und die Detektive!«, und auch die anderen fanden die Bemerkung äußerst lustig. Sooft jemand das Haustelefon benutzte, nannte er nicht etwa seinen Namen, sondern sagte: »Hier ist F., ich möchte L. sprechen.« Noch viel lieber, schien es mir, hätten sie sich ›Adlerfeder‹ und ›Falkenauge‹ tituliert.

Wie sie miteinander die Aufträge für den Nachmittag koordinierten, die geeignete Reihenfolge der Verhaftungen und Haussuchungen, und wie sie die Frage erörterten, ob zwei Autos ausreichen würden oder ein Lastwagen vorzuziehen sei, das klang nicht, als sollten sie nach dem Berliner Westen, sondern in den Wilden Westen.

Als säßen sie nicht an Bürotischen in der Prinz Albrecht-Straße, sondern am Lagerfeuer in der Steppe. Als wollten sie, ein paar Stunden später, nicht etwa in Mietwohnungen einer Viermillionenstadt eindringen und überraschte Steuerzahler drangsalieren, sondern als seien sie auf verbarrikadierte Blockhäuser und auf Kunstschützen und Pferdediebe aus.

Auch während meiner protokollarischen Vernehmung betätigten sie sich wie Waldläufer, die sich in der Deutung von Fußspuren und von sonst niemand beachteten abgebrochnen Zweigen auskennen. Ihr kindisches Benehmen in einer ziemlich ernsten Sache verdroß nicht nur mich, sondern auch, und zwar zu meinen Gunsten, den alten Kriminalbeamten, der die Vernehmung leitete und das Protokoll diktierte. Als ich meinen Paß zurückerhalten hatte und an der Tür »Auf Wiedersehen« sagte, brüllten sie wütend und im Chor »Heil Hitler!« hinter mir her.

Auf dem Korridor murmelte der Inspektor, der mich zu den Wachtposten zurückbrachte, ein pensionsreifer Zwölfender, mißmutig und geringschätzig: »Junge Kadetten!« Doch es waren eben keine Kadetten, sondern Trapper und Indianer, Karl May-Leser wie ihr Führer, verkrachte NS-Studenten mit Intelligenzbrille, Pfadfinder mit blutigem Fahrtenmesser, braune Rothäute als blonde Bestien. Europa als Kinderspielplatz, mutwillig zertrampelt und voller Leichen. Und die eintätowierte Blutgruppe als Aktenzeichen der Blutsbrüderschaft und der Blutherrschaft.

Vorhin unterhielten wir uns kurz mit zwei italienischen Arbeitern, die auf Rädern aus Berlin kamen und sieben Tage unterwegs waren. Die Russen versähen alle Italiener mit Ausweisen und wiesen sie an, ihre Zone zu verlassen. Der Ausweis habe bis München gegolten, wo ihnen die Amerikaner neue Ausweise in die Hand gedrückt hätten. Die Lebensmittelzuteilung in Berlin fanden die beiden erträglich und in jedem Fall auskömmlicher als beispielsweise in Nürnberg. Bevor sie wieder aufbrachen, verkaufte der eine sein Fahrrad. Für tausend Lire. Er war zu müde, um es bis zum Paß hinaufzuschieben.

Das Rad kaufte übrigens ein Ufa-Handwerker. Er will, wenn er einen Ausweis erhält, nach Berlin radeln und die Direktion in Babelsberg, falls es Babelsberg und die Direktion noch geben sollte, nötigen, die Mayrhofener Belegschaft heimzuholen. Denn die Arbeiter wollen, im Gegensatz zu Harald Braun und den Schauspielern, so schnell wie möglich nach Hause. Daß Braun, mit ihrem Beistand und mit Unterstützung der Amerikaner, einen Film drehen möchte, interessiert sie nicht. Eberhard, der bei der Bavaria in München Lohngelder holen wollte, ist nicht zurückgekommen. Wo er steckt, wissen wir nicht. Das Geld, das die Arbeiter verdienen, stammt nicht aus Berlin und nicht aus München. Einige haben sich, findig und pfiffig, in den schwarzen Zwischenhandel mit Butter und Käse eingeschaltet. Damit halten sie sich über Wasser. Aber sie wollen heim.

»Wir wollen wissen, was aus unseren Angehörigen geworden ist«, sagte Ali Schmidt aufgebracht. »Ob hier ein Film gedreht wird, kann der Regisseur nicht ohne uns entscheiden. Wir sind genauso wichtig wie er und die Schauspieler. Wir verlangen, daß über die Sache abgestimmt wird.« Und Alis Bruder meinte: »Wer uns daran erinnern sollte, daß wir einen Vertrag mit der Ufa haben, den müßten wir daran erinnern, daß die Ufa vertragsbrüchig geworden ist. Sie zahlt keine Löhne mehr. Ob

Eberhard zurückkommt, wissen wir nicht. Und ob er, falls er kommt, Geld mitbringen wird, wissen wir erst recht nicht. Uns vorzuwerfen, wir wollten einen Vertrag brechen, den die Firma längst gebrochen hat, ist restlos albern.«

Vorläufig verdienen sie ein bißchen Geld, indem sie ihre Berufe ausüben. Als Schlosser, Schneider, Tischler, Friseure und Installateure. Wie lange mein eignes Geld reichen wird, weiß ich nicht. Die Scheine zu zählen, nimmt täglich weniger Zeit in Anspruch. Was dann, wenn die Brieftasche leer ist? Zäune reparieren und Klingeln legen, das kann ich nicht. Ich kann nicht einmal Holz hacken oder mit schwarzer Butter handeln. Soll ich abends im Gasthof satirische Gedichte deklamieren und hinterher mit dem Hut kassieren? Die Schriftstellerei ist kein ausgesprochen praktischer Beruf. Was er einbringt, sind Ungelegenheiten.

Mayrhofen, 24. Mai 1945

Churchill hat sein Rücktrittsgesuch eingereicht. Denn im Herbst sind Unterhauswahlen, und der Krieg ist, obwohl Japan noch nicht kapituliert hat, im Grunde zu Ende. Den Frieden zu gewinnen, das weiß er, ist die schwerere Aufgabe und schon gar nicht die seinige. Er wird werden, was er immer war und geblieben ist: ein glänzender Journalist. Also wird er sich eine neue Zigarre anzünden und seine Memoiren diktieren.

Während des Krieges fiel es nicht schwer, über den Frieden zu reden. Da blies die Rache ihre Slogans in die Trompete. Jetzt haben die Trompeten nicht mehr mitzureden, und die Rache müßte demissionieren wie Winston Churchill. Wird auch sie ihr Rücktrittsgesuch einreichen? Sie wird sich überwinden müssen. Sonst geht, im Lärm der Siegesfanfaren, der Frieden verloren, und nicht nur der Frieden hier oder dort, sondern an allen Fronten. Die Destruktion ist geglückt. Nun muß die Konstruktion glücken.

Wo sind die Konstrukteure? Wie weit sind ihre Pläne? Und wie weit sind ihre Pläne vom zornigen Plane Morgenthaus entfernt, aus Deutschland einen Kartoffelacker zu machen? Man wird kaltes Blut nötig haben, besser heute als morgen. Schuld und Sühne mögen klassische Begriffe sein, doch das 20. Jahrhundert ist kein klassisches Zeitalter. Sogar Lord Vansittart, der Deutschenfresser, hat erklärt, unsere Industrie müsse ›im Interesse Europas‹ wieder aufgebaut werden. Welche Überwindung wird ihn dieser Satz gekostet haben! Vernunft nötigt zur Großmut, und Großmut ist ungerecht. Wozu wird man sich entschließen? Zu einem ungerechten Frieden, oder zu einem gerechten Chaos? Dieses echte Dilemma beweist, daß Kriege Nonsens sind. Aber mit welchen anderen Mitteln wird man den nächsten Hitler bändigen können? Der Völkerbund muß diesmal besser geraten. Sonst? Sonst...

Julius Streicher hat man bei Berchtesgaden eingefangen. Himmler hat sich, in englischer Haft, mit Zyankali vergiftet. Als man ihn festnahm, hatte er sich den Schnurrbart abrasiert und trug über einem Auge eine schwarze Klappe. Robert Ley hatte sich einen Bart wachsen lassen. Es geht zu wie im Maskenverleih-Institut. Oder wie in Gangsterfilmen. Der Würdelosigkeit sind keine Grenzen gesetzt. Die Katastrophe endet als Jux und Kintopp. Das Gesicht der Herrenrasse mit auswechselbarem Schnurrbart!

Mayrhofen, 28. Mai 1945

Eberhard hat Nachricht geschickt. Er ist, nach einigen Hindernissen, bei Familie Weiß in P. gelandet und hofft, in Bälde selbst zu erscheinen. Wahrscheinlich verweigert man ihm vorläufig noch den Passierschein oder das Benzin oder beides, oder er traut sich nicht, das in der Scheune unterm Stroh versteckte Auto auszubuddeln. Ob er, wenn er kommt, Lohngelder mitbringen wird, erscheint mehr als zweifelhaft. Wer, selbst wenn er wollte und könnte, dürfte ihm Geld aushändigen? Die Bavaria? Für die Ufa? Das wäre eine Transaktion zwischen zwei staatseigenen Firmen, deren Staat nicht mehr existiert. Wie es ein Niemandsland gibt, gibt es eine Niemandszeit. Sie erstreckt sich vom Nichtmehr bis zum Nochnicht. Wir vegetieren im Dazwischen. Was gegolten hat, gilt nicht mehr. Was gelten wird, gilt noch nicht. Das einzig Gültige heißt Höhere Gewalt.
So bleiben die Männer der Ufa, ohne Löhne und Diätgelder, auf die Zwischengewinne aus dem Schleichhandel angewiesen. Das Pfund Butter verkaufen sie mit 130 Mark, das Pfund Käse mit 50 Mark. Die Gewinnspanne kenne ich nicht. Jedenfalls schlagen sie sich durch. Sie sind tüchtig. In der Hölle würden sie mit frischem Wasser handeln. Einer von ihnen, wohl der Geschäftstüchtigste, findet sogar noch die Zeit, Lustspiele zu schreiben. Dazu trinkt er hochkarätigen Obstschnaps. Wenn sein dramatisches Talent so groß sein sollte wie seine kaufmännische Fähigkeit, dann dürfen wir demnächst mit einem deutschen Molière rechnen. Er selber, ein glänzender Rechner, rechnet schon damit.

Der Bote, der uns Eberhards Grüße überbrachte, war kein gewöhnlicher Bote, sondern der Filmbeauftragte beim amerikanischen Hauptquartier in Bayern, ein Mr. Kennedy aus New York, zur Zeit München. Ein netter blonder Herr, der sich, anhand einer provisorischen Adressenliste, im Jeep umherfahren läßt, um deutsche Filmleute kennenzulernen, und der jedesmal rot wird, wenn er sich vorstellt, weil man ihm die Hand entgegenstreckt und er sie nicht nehmen darf. Shakehands zwischen Amerikanern und Deutschen hat das Hauptquartier streng untersagt. Schade, daß wir das nicht wußten. Wir hätten ihm und uns die peinliche Situation gern erspart. Die amerikanischen Anstandsregeln für den Umgang mit deutschen Männern und für den Verkehr mit deutschen Mädchen scheinen nicht ganz die gleichen zu sein.

Trotz der peinlichen Situation kam dann doch eine Art Gespräch zustande. Der nette blonde Kennedy, der uns die Hand nicht reichen durfte, gab zu verstehen, daß vielleicht schon im Herbst deutsche Spielfilme gedreht werden könnten, und er fragte mich, ob ich dann wohl Zeit und Lust hätte, in München, also in Geiselgasteig, mitzuarbeiten. Ich verhielt mich höflich und reserviert. Beim Abschied behielt jeder sein Patschhändchen hübsch für sich. Man soll Sieger, die rot werden können, nicht in Verlegenheit bringen.

Heute ist der 28. Mai. Und im Herbst, meint Kennedy, gäbe es vielleicht etwas zu tun. Der Herbst beginnt am 21. September. Vier Monate Niemandszeit. Meine Brieftasche magert zusehends ab. Das Leben ist, unter anderem, auch eine Existenzfrage. Überlebt zu haben, genügt nicht. Und der Neugier, was kommen wird, sind keine Schranken gesetzt. Wie gut, daß ich ein neugieriger Mensch bin.

Genormte Handbewegungen spielen in Politik und Geschichte eine beachtliche Rolle. Man muß die Hand an die Kopfbedeckung legen. Oder man muß die Hand heben und zur Faust ballen. Oder man muß die Hand samt dem Arm, im Winkel von 45 Grad, nach vorn in die Luft strecken. Oder man muß, als Besiegter, beide Hände hochhalten. Oder Mister Kennedy muß, wenn ich seine Hand schütteln will, selbige in die Hosentasche stecken. Wer die jeweilige Vorschrift mißachtet, wird getadelt, eingesperrt oder umgebracht. Die Hand, das Werkzeug des Menschen, degradiert den Menschen zum Werkzeug. Sie macht ihn zum Herrn und zum Sklaven. Man sollte ein ›Handbuch‹ der Geschichte schreiben.

In diesen Zusammenhang gehören zwei verbürgte Anekdoten. Es wäre jammerschade, wenn sie in Vergessenheit gerieten. Erzählt wurden sie von Gustav Knuth und Otto Wernicke, an unserem Berliner Stammtisch bei Jonny Rappeport. Sie mußten, gelegentlich und notgedrungen, an Künstlerempfängen in der Reichskanzlei teilnehmen und beeilten sich jedesmal, anschließend in unserer Runde aufzukreuzen und Bericht zu erstatten. Also:

Während eines solchen Empfanges, nach einer großen Parade, zog sich Hitler mit einer strebsamen kleinen Schauspielerin in einen Nebenraum zurück, und sie schwenkte, auf berufliche Vorteile bedacht, das Weihrauchfaß, bis ihr fast übel wurde. Er vertrug den Weihrauch besser. Als ihr gar nichts weiter einfiel, bewunderte sie die Ausdauer, mit der er während der Parade Arm und Hand in die Luft gestreckt habe. Ihr Verständnis erquickte ihn, er wurde lebhaft und sagte (etwa): »Es freut mich, daß Ihnen das aufgefallen ist! Nicht ein einziges Mal habe ich den Arm gesenkt! Und der Vorbeimarsch dauerte immerhin drei Stunden! Haben Sie Göring beobachtet? Mindestens fünfmal mußte er den Arm sinken lassen!« Dann beugte er sich vor, winkelte den Arm und forderte sie leutselig auf, seinen Bizeps zu befühlen. Sie befühlte folgsam Hitlers Hitlergrußmuskel, zeigte sich hingerissen, und er war stolz wie ein Ringkämpfer auf dem Rummelplatz.

Auch die andre Begebenheit verdient notiert zu werden. Als Erfindung, als Phantasieprodukt wäre sie allenfalls ein vorzüglicher optischer Einfall für einen satirischen Film. Als von vielen Augenzeugen verbürgtes ›wahres Geschichtchen‹ wiegt sie schwerer, so belanglos sie erscheinen mag. Wenn nicht gar, weil sie so belanglos ist. Kurz und gut, während einem dieser Empfänge, auf der Höhe seiner Macht, wollte Hitler demonstrieren, wie jovial er sein könne. Er hatte sich vorgenommen, einen der Gäste – eine bekannte Schauspielerin, von der man wußte, daß ihr das Regime nicht gefiel – statt mit erhobenem Arme mit einem Händedruck zu begrüßen. Die Schauspielerin hatte sich ihrerseits, um Aufsehen und Ärger zu vermeiden, fest entschlossen, bei der Begrüßung den Arm in die Luft zu strecken.

Der Adjutant rief ihren Namen in den Saal. Sie löste sich aus der Schar der Gäste, schritt auf Hitler zu und hob, während er ihr lächelnd die Hand entgegenstreckte, pflichtschuldigst den schönen, festlich nackten Arm. Nun wollten, beide, spontan und simultan, den Fehler auswetzen, und so streckte die Dame dem Diktator, der den Arm hochriß, die gepflegte Hand entgegen. Deshalb beeilte er sich, ihre Hand zu erfassen, doch diese war, samt dem dazugehörigen Frauenarm, bereits wieder in der Luft. So trieben sie es noch ein paarmal. Das Mißgeschick hatte sich selbständig gemacht. Sie konnten, wie es im Volkslied heißt, zusammen nicht kommen. Es blieb dabei. Nur daß Hitler nicht mehr lächelte. Stattdessen lächelten, von Mißgeschick zu Mißgeschick immer fröhlicher, die kunstsinnigen Gäste. Wie die Pantomime endete, ist mir leider entfallen. Doch auch ohne authentischen Schluß behält die kleine Szene ihren historischen Wert. Sie zeigt den Nero Europas, den Abstinenzler, der soviel Blut vergoß, den großen Schlächter, der kein Fleisch aß, auf dem Kasperletheater, als den Hanswurst seiner selbst.

Gestern sprach ich mit einem Mann von der Widerstandsbewegung, einem Südtiroler, einem jener zwielichtigen Kerle, denen man nicht über den Weg traut. Überall machen sie sich als alte Freiheitskämpfer mausig, nur nicht bei sich zu Hause. Denn dort kennt man sie. Vor dem Krieg hatte er, in Süditalien, als Bersagliere gedient. Den Krieg hatte er bei den ›Preußen‹ mitgemacht. Er gefiel mir nicht, aber er erzählte gut. Besonders anschaulich beschrieb er die Ausbildungszeit in der Bersaglieri-Kaserne. Beispielsweise: Die Rekruten dieser Elitetruppe durften nicht etwa, beim Kommen und Gehen, das Kasernentor benutzen, sondern mußten an Stricken die Hauswand hinauf- und herunterklettern. Auch mit dem Waschzeug in der Hand. Auch mit dem Morgenkaffee aus der Kantine. Drückebergerei gab es nicht. Die Kasernentore waren abgeschlossen. Kurz, die Rückerziehung des Menschen zum Affen. Zum militärischen Elite-Affen. Einen entscheidenden Einfluß auf die Kriegslage scheint die Fähigkeit, mit der Kaffeekanne senkrecht an Häusern hochzuklettern, nicht gehabt zu haben.

Mayrhofen, 2. Juni 1945

Heute nacht, gegen ein Uhr, zogen die Kühe aus dem Unterzillertal laut läutend durch den Ort. Sie wurden zur Tuxer Alm hinaufgetrieben, wo sie den Sommer über weiden dürfen. Dafür haben die Almbesitzer auf die Milch der fremden Kühe Anspruch. Die Tiere werden quasi als Sommerfrischler behandelt. Sie werden wie diese verpflegt und gemolken. Sie dürfen sich erholen, und das gesunde Aussehen ist das einzige, was sie nach den Ferien heimbringen.

Seit einigen Tagen hat Mayrhofen amerikanische Einquartierung. Etwa hundertsechzig Mann. An den Ortsausgängen haben sie hübsche Schilderhäuschen aufgestellt, die an die Zeiten unter Kaiser Wilhelm erinnern. Und die Wachtposten, die bei Regen untertreten und gelangweilt in den schmalen bunten Buden mit dem Spitzdach lehnen, erinnern mich an mich selber, an 1917 und an das weißgrüne Schilderhaus vorm Linckeschen Bad. Wenn ich abends, mit umgehängtem Karabiner, Wache schob, pflegte die Mama vorbeizukommen und mir, wenn es niemand sah, eingewickelte Schmalzbrote und ein paar frische Taschentücher zuzustecken. Da Wachtposten mit den Passanten nicht reden durften, redete sie ganz allein. Wenn ein Offizier in Sicht war und ich das Gewehr präsentieren mußte, ging sie geschwind beiseite. War er verschwunden, unterhielt sie mich wieder, bis die Ablösung anrückte. Dann ging sie über die Straße, winkte unauffällig und wartete, bis ich mit dem Wachhabenden abmarschiert war. Eher ging sie nicht nach Hause.

Die Amerikaner stehen also vor oder in den Schilderhäusern, je nach Witterung, machen als Patrouillen dienstliche Spaziergänge, warten auf die Jeeps mit der

Feldpost und auf die Lastautos mit dem Proviant und haben zehn Radioapparate beschlagnahmt. (Unser Leutnant von der ›Marsfilm‹ hat sein erstklassiges Funkgerät vorsorglich versteckt.) Die Kinder belagern die offenen Fenster, hinter denen die Kompanieköche hantieren, und warten geduldig darauf, daß ihnen die schwitzenden Männer etwas zustecken oder mit der Kelle Suppe in leere Konservenbüchsen schwappen. Es sind amerikanische Konservenbüchsen. Manche Kinder bringen Töpfe und deutsches Feldgeschirr von daheim angeschleppt. Die Köche machen keinen Unterschied. Der Hunger ist der gleiche. Und die Patrouillen nehmen von der Hilfsaktion keine Notiz. Im übrigen achten sie darauf, daß die Spielregeln eingehalten werden. Die Soldaten dürfen den Einwohnern nicht die Hand geben. Und sie dürfen deren Wohnungen nicht betreten. Ordnung muß sein. Jedenfalls bei Tage. Nachts sind alle Kühe schwarz. Und nicht nur die Kühe.

Mayrhofen, 5. Juni 1945

Wir erhalten Kennkarten. In einem Klassenzimmer der Dorfschule. Der ›Lehrer‹ ist ein Sergeant, der als Kind bestimmt in einem deutschen Klassenzimmer gesessen hat. Seine Bemühung, die Muttersprache zu radebrechen, ist unverkennbar. Die Camouflage hat etwas Rührendes. Mit seinem Mißtrauen gerät er, glaub ich, oft an die Verkehrten. Er hat kein Talent zum Dorfkommissar. Die erstbeste Blondine wird ihn um den Finger wickeln. Und auch da wird er hereinfallen. Ich habe ihn beobachtet. Die Blondine, die ihm den Finger hingehalten hat, um den sie ihn spätestens morgen wickeln wird, ist gefärbt. Sie ist von Haus aus brünett. Und ihr Mann, der in Gefangenschaft geraten sein dürfte, war zwölf Jahre lang braun. Der Sergeant ist farbenblind.

Wir stehen an, wenn wir Milch kaufen. Wir stehen im Flur des Gasthofs und bis auf die Straße, wenn wir aufs Mittagessen warten. Wir stehen an, wenn wir die Lebensmittelkarten abholen. Und nun stehen wir in und vor der Schule, um Kennkarten zu erhalten. Das Schlangenstehen überdauert Krieg und Niederlage und Regierungsform. Die ersten Menschen standen vor der Schlange, die letzten stehen in der Schlange. Mit der Schlange fing es an. Und als Schlange hört es auf.

Spaziergänge sind erlaubt. Man darf sich sechs Kilometer weit vom Ort entfernen. Es empfiehlt sich, die Kilometersteine zu beachten. Denn Militärstreifen durchstreifen die sommerliche Landschaft und kontrollieren die Spaziergänger und die Ausweise. Und es ist nicht jedermanns Sache, sich auf der Landstraße und im Abendsonnenschein anschnauzen zu lassen. Man muß sich fest einprägen: Die Natur ist zur Zeit sechs Kilometer lang. Dann beginnt die Geschichte.

Dann erst beginnt die Geschichte? Nicht einmal das stimmt. Die Natur ist noch viel kürzer. Auch innerhalb der Spazierzone trifft der poetisch gestimmte Naturfreund Bekannte, die ihn am Jackettknopf festhalten und, trotz Feld, Wald und Wiese ringsum, in durchaus naturferne Gespräche verwickeln, und ehe er sich's recht versieht, wird der Dialog zum Monolog, zum politischen Plädoyer. »Ich habe mich zwar von meiner jüdischen Frau scheiden lassen«, erklärt ihm einer, »aber die Trennung wäre auch in normalen Zeiten unvermeidlich gewesen. Unglückliche Ehen gibt es ja schließlich nicht nur unter der Diktatur. Außerdem habe ich ihr, solange es möglich war, Geld geschickt.« Der Mann steht zwischen hohen Bäumen, als seien sie der Hohe Gerichtshof. Er verteidigt sich ungefragt. Er übt. Er trainiert sein Alibi. Er sucht Zuhörer, um die Schlagkraft seiner Argumente zu kontrollieren. Die Bäume und der Spaziergänger, den er trifft, müssen ihm zuhören. Er beantragt Freispruch. Dann geht er weiter. Die Angst und das schlechte Gewissen laufen hinter ihm her.

Der Nächste, dem man begegnet, versichert, daß er, obwohl er kürzlich noch das Parteiabzeichen getragen habe, nicht in der Partei gewesen sei. »Ich war nur Anwärter«, sagt er, »Mitglied bin ich nie geworden, obwohl sich dann vieles für mich einfacher gestaltet hätte. Wenn Sie wüßten, was ich alles versucht habe, um nicht Mitglied zu werden! Es war, weiß Gott, nicht leicht, sich aus der Geschichte herauszuhalten!« Wir stehen auf einem Feldweg. Und drüben in einem Bauernhof kräht der Hahn. Es ist nicht leicht, sich aus der Geschichte herauszuhalten...

Der Dritte, und auch ihn kennt man nur flüchtig, wird noch zutraulicher. Er öffnet nicht nur sein Herz, sondern, bildlich ausgedrückt, auch die Hose. Er hat, trotz Nürnberger Gesetze, zuweilen mit einem jüdischen Mädchen geschlafen, und nun hört er sich um, ob dieser Hinweis auf seine damals strafbaren Vergnügungen den nötigen politischen Eindruck erweckt. Schließlich hat er ja, als es verboten war, mit einer Jüdin gemeinsame Sache gemacht! Ja, hat er sich denn da nicht, wenn auch nur in der Horizontale, als Staatsfeind betätigt? Könnte ihm, überlegt er, die sündige Vergangenheit künftig nicht vielleicht von Nutzen sein? Er sucht in meinem Blick zu lesen, wie ich den Fall und die Chancen beurteile. Daß ich ihn für ein Ferkel halte, läßt ihn kalt.

Die Wege durch Wald und Feld ähneln Korridoren

eines imaginären Gerichtsgebäudes. Die Vorgeladenen, mehr oder weniger kleine Halunken, gehen nervös hin und her, warten, daß der Polizeidiener ihren Namen ruft, und ziehen jeden, der vorbeikommt, ins Gespräch. ›Wer weiß, wozu es gut ist‹, denken sie.

Mayrhofen, 15. Juni 1945

Vor einem Vierteljahr verließ ich Berlin. Sechs Wochen später, also eine Woche vor der allgemeinen Kapitulation, gab die Südarmee den Kampf auf. Seitdem macht der Frieden die ersten Gehversuche. Er lernt laufen. Wie ein kleines Kind. Wir dürfen an den Gehversuchen teilnehmen. Vor ein paar Tagen wurde die Spazierzone erweitert. Auf zehn Kilometer im Umkreis. Und seit heute dürfen wir sogar, ohne besondere Genehmigung, das gesamte Zillertal durchqueren. Das ist, um so vor sich hinzugehen und nichts zu suchen, mehr als genug. Am Käferdasein zwischen Baum und Borke ändert es nichts. Mein Versteckspiel hat seinen Zweck, das Dritte Reich zu überleben, überlebt. Ich werde ungeduldig.

Daß meine Ungeduld wächst, hat zwei entgegengesetzte Gründe. Ich weiß nicht nur, wie schwer es ist, aus dem lieblichen Zillertal herauszukommen, sondern ich weiß auch, wie leicht es ist. Die Schwierigkeiten kenne ich, weil ich die Verordnungen kenne. Daß die Verordnungen nicht immer gelten, weiß ich durch Harald Braun und Ulrich Haupt. Sie waren dieser Tage in München! Noch dazu im Jeep, mit einem amerikanischen Unteroffizier als Chauffeur! Und bevor sie nach München fuhren, waren sie in Straßburg!

Die Passierscheine hatte ihnen jener Lieutenant Colonel verschafft, der sich mit Uli Haupt angefreundet hat, am ganzen Körper tätowiert ist und seine amüsant bebilderte Haut, ohne Eintritt zu verlangen, auf Parties herumzeigt. Im Krieg war er ein Held, im Dienst ist er unverdrossen, in der Freizeit hat er ein Privatleben. Weil ihn nun die bisherige Freizeitmarketenderin, die ihm nach Tirol gefolgt war, nicht mehr freute, ließ er sie an ihrem Ausgangspunkt, in Straßburg, wieder abliefern. Eile schien umso eher geboten, als sich eine unserer Filmkünstlerinnen bereits als Nachfolgerin einzuarbeiten begonnen hatte. Es hätte Streit gegeben. Schon dem Hund des Helden, einem nervös zitternden Zwergrattler, der oft an Bäume geführt zu werden wünscht, wären zwei Frauen zuviel gewesen.

Man fuhr also, den Unteroffizier am Steuer mitgerechnet, zu viert nach Straßburg und zu dritt nach München. Da Uli Haupt, der an den zahlreichen Kontrollpunkten den Passierschein vorwies, in Chikago großgeworden ist und überdies in eine amerikanische Montur gesteckt worden war, verlief die Reise ohne Zwischenfälle.

Sie brachten Grüße und Nachrichten mit. Grüße von Eberhard aus P., aber kein Geld für die Belegschaft. Die Bavaria zahlt ihren eignen Produktionsleitern, Regisseuren und Autoren keine Gehälter mehr und wird siebenhundert der elfhundert Angestellten und Arbeiter entlassen müssen. Den Bavariachef Schreiber, der als Zauberkünstler Weltruf genießt, hat Mister Kennedy abgesetzt, ebenso die Münchener Intendanten Alexander Golling und Fritz Fischer. Nachdem Schreiber vergeblich versucht hatte, sich nachträglich in einen Hitlergegner zu verwandeln, verzauberte er sich. Er ist, Hokuspokus Fidibus, verschwunden. Die Philharmoniker soll Kabasta oder Knappertsbusch übernehmen.

Sonst? Grüße von Lore, Lottes Schwester, aus Schliersee. In einem Brief, den Harald Braun mitbrachte. Eberhard ließ mir sagen, daß wir, wenn wir wollten, am Ammersee Unterkunft fänden, wohin sich seine Mutter abgesetzt hat. Schliersee, Ammersee. Und gestern nachmittag drückte mir jemand einen Zettel vom Tegernsee in die Hand. Das erste Lebenszeichen von Werner Buhre! Der aus einem Notizblock herausgerissene Zettel war durch viele Hände gegangen. Ein Stafettenzettel. Buhre ist in Rottach gelandet. Bei seinem Vater. Die oberbayerischen Seen scheinen ihre Anziehungskraft auch im Krieg nicht eingebüßt zu haben. (Und wann wird die erste Stafettenpost aus Dresden eintreffen?)

Am Nachmittag tauchen zwei Amerikaner im Gasthof ›Brücke‹ auf, ein jüdischer Emigrant und ein kleiner Chinese. Im Namen der Militärregierung. Der Emigrant, deutsch sprechend und in der Filmbranche nicht unbewandert, trug einen Hörbügel für Schwerhörige unterm Uniformkäppi und teilte Eberhards Stellvertreter, dem gleichfalls schwerhörigen Kyrath, in Kürze mit, daß sämtliche Ufa-Apparaturen sowie Alfreds und Willis Lastauto als von ihm beschlagnahmt zu betrachten seien. Der Ausgang des Duells zwischen den zwei Schwerhörigen war keinen Augenblick zweifelhaft. Ulrich Haupt, der sich in Chikagoer Slang einmischte, wurde aufgefordert, die Hände aus den Hosentaschen zu nehmen. Harald Braun, der dabeisaß, wurde gefragt, wer ihm denn erlaubt habe, sich zu setzen. Und sich an uns alle wendend, meinte der Mann mit dem Käppi, das beste wäre, uns in ein Lager zu bringen. Dann verließ er die Gaststube, schwang sich auf einen der Lastwagen und fuhr mit der Beute davon. In seinem Gefolge befanden sich, außer dem kleinen Chinesen, auch einige Tiroler. Es waren Männer der ehemaligen nationalsozialistischen Gaufilmstelle aus Innsbruck. Sie hatten die neuen Herren auf das Ufa-Team, die Apparaturen und die Lastautos aufmerksam gemacht!

Erst waren die Berliner empört. Nun sind sie niedergeschlagen. Der Verlust der Lastwagen hat sie schwer getroffen. Denn sie wollten Chansons und Szenen einstudieren, auf die Dörfer fahren und in den Gasthöfen, bei kleinen Preisen, tingeln. Es hätte ihnen Spaß gemacht und ein bißchen Geld eingebracht. Der Traum ist ausgeträumt. Und ein anderer Traum erst recht: eines Tages die große Überlandpartie nach Berlin zu wagen.

Nach der Eroberung Berlins, heißt es, sei die Stadt den russischen Truppen zu einer Dreitageplünderung freigegeben worden. Außerdem rücken sie, über Berlin hinaus, immer weiter nach Westen und Südwesten vor! Hat man die Demarkationslinie noch immer nicht festgelegt? Oder hat man sie so weit westlich gezogen, daß die Russen sie noch immer nicht erreicht haben?

Das Dritte Reich ist vorbei, und man wird daraus Bücher machen. Miserable, sensationelle und verlogene, hoffentlich auch ein paar aufrichtige und nützliche Bücher. Eine psychologische Untersuchung, die sich mit dem Verhalten des Durchschnittsbürgers beschäftigt, wird nicht fehlen dürfen. Und sie könnte etwa ›Die Veränderbarkeit des Menschen unter der Diktatur‹ heißen. Ohne eine solche Analyse stünden die fremden Rächer, Forscher, Missionare und Gruselgäste ohne Leitfaden im Labyrinth. Sie wüßten nicht aus noch ein. Und auch wir, die im Labyrinth herumtappten, als es noch kein Museum war, sondern als der Minotaurus und seine Opfer noch lebten, auch wir werden das Buch nötighaben.

Verständnis und Selbstverständnis sind erforderlich. Verständnis bedeutet nicht Einverständnis. Alles verstehen und alles verzeihen sind keineswegs ein und dasselbe. Doch wer kein Zyniker oder Pharisäer und wer erst recht kein blinder Richter sein möchte, der muß nicht nur wissen, was geschehen ist. Er wird studieren müssen, wie es geschehen konnte. Er wird umlernen müssen. Andernfalls gliche er einem Ignoranten, der über die Eigenschaft des Wassers spräche, ohne zu wissen, wie sich Wasser unterm Null- und überm Siedepunkt zu verhalten pflegt.

Auch der Mensch kann den Aggregatzustand wechseln. Wasser verwandelt sich bei großer Kälte und Hitze, der Mensch unter großem Druck. Daß er bis zur Unkenntlichkeit veränderbar ist, fällt nicht sofort auf, da er den aufrechten Gang und die gewohnten Gesichtszüge beibehält. Auch die Intelligenz und der Fortpflanzungstrieb bleiben intakt. Nur der Schlaf und der Appetit sind vorübergehend gestört, und zwar im ersten Stadium der sich unter ständig wachsendem Druck vollziehenden Veränderung. Denn in diesem ersten Stadium hat er noch Angst. Er hat Angst vor wirtschaftlichem Ruin, vorm Gefängnis, vor Schlägen, vor Fußtritten, vor der Peitsche, vor Hunger und Siechtum, Angst ums Leben der Angehörigen, Angst vorm eignen Tod und Angst, aus Angst zu lügen und zu verraten.

Im zweiten Stadium der Veränderung unter Druck hat er nur noch eine einzige Angst: etwas anderes zu sagen, als man von ihm hören will. Und im dritten Stadium hat er überhaupt keine Angst mehr. Das Verfahren, ihn unter Druck zu verändern, ist geglückt. Er hat den Aggregatzustand gewechselt. Er ist, weil man mit ihm zufrieden ist, mit sich zufrieden. Er ist glücklich, weil er, nun aus freien Stücken, die Ansichten der herrschenden Verbrecher teilt. Sollten sie ihn, wegen einer abweichenden, womöglich humanen Meinung oder Handlung, vor Gericht stellen, bedürften sie keines Anklägers. Er wäre über seinen Rückfall am meisten empört. Er bäte um seine Hinrichtung und stürbe als glücklicher Mensch. Er stürbe, genauer, nicht als das, was man andernorts einen Menschen nennt, aber er stürbe glücklich. Im besten Einvernehmen mit Herrscher und Henker.

Das Gewissen ist drehbar. Wer wäre gern ein schlechter Mensch? Noch dazu auf Schritt und Tritt? Und in jeder Richtung? So schließt der Untertan mit der herrschenden Moral, wie unmoralisch sie auch sein mag, einen Seelenfriedensvertrag. Die innere Stimme gehorcht dem jeweiligen Kodex, und der Untertan gehorcht immer der inneren Stimme. Der Kompaß pendelt sich ein. Genauso wie man aus frommen Menschenfressern fromme Christen machen kann, kann man aus frommen Christen fromme Menschenfresser machen. Das eine ist nicht schwieriger als das andere. Aber beides geht nicht von heute auf morgen. Das Gewissen verbrennt, was es heute anbetet, erst in einer Woche. Es ist fähig, Unrecht für Recht zu halten, Inquisition für Gott wohlgefällig und Mord für staatspolitisch wertvoll. Das Gewissen ist um 180 Grad drehbar. Doch man muß ihm etwas Zeit lassen. Und auch dann ist man vor Rückfällen nicht sicher. Auch im Dritten Reich hat es Helden und Märtyrer gegeben, also Untertanen, die nicht mit der Zeit, sondern lieber zugrunde gehen.

Nun kommt die nächste neue Zeit. Sie hat den Fuß schon in der Tür. Nun wird aus Unrecht, das Recht geworden war, wieder Unrecht. Keine Angst, das Gewissen ist drehbar. Was die innere Stimme auch ruft oder widerruft – eines steht fest: Sie meint es immer ehrlich.

Das Rad der Zeit, mit dem das drehbare Gewissen durch Transmission verbunden ist, ist kein Schwungrad, sondern ein Zahnrad. Es bewegt sich zuverlässig, aber langsam, Zahn um Zahn. Wer das Tempo forciert, verdirbt die Maschinerie. Sogar Diktatoren müssen mit der öffentlichen Meinung Geduld haben. Nicht einmal sie dürfen den letzten Schritt vorm ersten machen. Weil Hitler das anfangs noch nicht wußte oder glaubte, wurde der Judenboykott im Jahre 1933 ein Fehlschlag. Die Bevölkerung der Großstädte boykottierte den Boykott. Das Gewissen, zu jeder Drehung bereit, wurde überdreht. Erst fünf Jahre später, 1938, war es soweit. Erst in der ›Kristallnacht‹ konnte man den Pogrom exerzieren und der Bevölkerung in die Schuhe, statt der SS und der Polizei in die Stiefel schieben. Erst dann waren Widerspruch oder gar Widerstand nicht mehr zu erwarten.

In jener Nacht fuhr ich, im Taxi auf dem Heimweg, den Tauentzien und den Kurfürstendamm entlang. Auf beiden Straßenseiten standen Männer und schlugen mit Eisenstangen Schaufenster ein. Überall krachte und splitterte Glas. Es waren SS-Leute, in schwarzen Breeches und hohen Stiefeln, aber in Ziviljacken und mit Hüten. Sie gingen gelassen und systematisch zu Werke. Jedem schienen vier, fünf Häuserfronten zugeteilt. Sie hoben die Stangen, schlugen mehrmals zu und rückten dann zum nächsten Schaufenster vor. Passanten waren nicht zu sehen. (Erst später, hörte ich am folgenden Tag, seien Barfrauen, Nachtkellner und Straßenmädchen aufgetaucht und hätten die Auslagen geplündert.)

Dreimal ließ ich das Taxi halten. Dreimal wollte ich

aussteigen. Dreimal trat ein Kriminalbeamter hinter einem der Bäume hervor und forderte mich energisch auf, im Auto zu bleiben und weiterzufahren. Dreimal erklärte ich, daß ich doch wohl aussteigen könne, wann ich wolle, und das erst recht, wenn sich in aller Öffentlichkeit, gelinde ausgedrückt, Ungebührliches ereigne. Dreimal hieß es barsch: »Kriminalpolizei!« Dreimal wurde die Wagentür zugeschlagen. Dreimal fuhren wir weiter. Als ich zum vierten Mal halten wollte, weigerte sich der Chauffeur. »Es hat keinen Zweck«, sagte er, »und außerdem ist es Widerstand gegen die Staatsgewalt!« Er bremste erst vor meiner Wohnung.

Jetzt war es soweit. Jetzt herrschte die verkehrte Welt ganz offiziell, und niemand widersprach. Die Partei beging, wenn auch bei Nacht und in Räuberzivil, auf offener Straße Handlungen, die früher Verbrechen gewesen wären, und die deutsche Polizei schirmte die Verbrecher ab. Zu diesem Zweck bedrohte sie, sogar in Berlin, sogar am Kurfürstendamm, die Passanten. In der gleichen Nacht wurden von den gleichen Verbrechern, von der gleichen Polizei beschützt, die Synagogen in Brand gesteckt. Und am nächsten Morgen meldete die gesamte deutsche Presse, die Bevölkerung sei es gewesen, die ihrem Unmut spontan Luft gemacht habe. Zur selben Stunde in ganz Deutschland – das nannte man Spontaneität. Das durfte man so nennen, ohne daß widersprochen wurde. Jetzt war das drehbare Gewissen gleichgeschaltet. Jetzt stimmte Hitlers Rechnung. Sie stimmte, bis, ein paar Jahre später als die Synagogen, die Städte brannten.

P. in Bayern
18. Juni bis 28. Juni

Aus der Chronik

20. Juni
: In Italien bilden sechs Parteien die neue Regierung. Außenminister: De Gasperi.

21. Juni
: Die Russen übernehmen von den Amerikanern Sachsen und Thüringen, von den Engländern Teile der Provinz Sachsen und Mecklenburgs.

26. Juni
: Feierliche Unterzeichnung der UN-Verfassung in San Franzisko. Aus der Präambel: ›Wir, die Völker der Vereinten Nationen, sind entschlossen, die kommenden Generationen vor der Geißel des Krieges zu bewahren, die zu unseren Lebzeiten zweimal unsagbares Elend über die Menschheit gebracht hat.‹ Als Bestandteil der Reparationen wird die Auswertung aller deutschen Erfindungen und Patentrechte durch die Vereinten Nationen verkündet. Die amerikanische Besatzung übernimmt das Reichspatentamt.
  Die Tschechoslowakei tritt an Rußland die Karpato-Ukraine ab.

P. in Bayern, 18. Juni 1945

Seit vorgestern bin ich für ein paar Tage bei Familie Weiß, Eberhards Freunden, auf dem schönen Gutshof im Moos. Es ergab sich ganz plötzlich. Ulrich Haupts Kumpan, der tätowierte Oberstleutnant, hatte wieder einmal einen Jeep samt Fahrer übrig. Am Donnerstag läßt er uns zurückholen. Womöglich kommt er selber.

Da er Uli zwei Flaschen Himbeergeist als Wegzehrung mitgab, kann ich mich nur noch an die Abfahrt in Mayrhofen und an den ersten Teil des Ausflugs erinnern. Uli, der neben dem Fahrer saß, reichte, in nobler Regelmäßigkeit, die erste und später die zweite Flasche nach hinten. Trinkgefäße hatten wir nicht bei der Hand. Wenn ich trank, muß es ausgesehen haben, als wollte ich Trompete blasen. Der Jeep hüpfte auf seinen harten Reifen wie ein Füllen zu Tal, und ich, im Fond, hüpfte unfreiwillig mit. Meine Bemühungen, mir beim Trinken nicht die Zähne einzuschlagen, mögen daran schuld gewesen sein, daß der eine und der andere Schluck das bekömmliche Maß überschritten. Es ging lustig zu. Uli und der Fahrer sangen amerikanische Lieder. Und ich selber freute mich wie ein Kind, seit einem Vierteljahr zum ersten Mal wieder unterwegs zu sein. Kein Krieg, keine Spazierzone, keine Polizeistunde, stattdessen Getreidefelder und Fachwerkstädtchen, im Hui vorbei, es war herrlich.

Von der Ankunft auf dem Gut weiß ich nur, daß mich zwei kräftige Männer aus dem Jeep hoben, ins Haus bugsierten und, am hellichten Tag, in irgendein Bett legten. Am Abend war ich wieder bei Verstand und, obwohl ich mich nun schämte, bei bestem Appetit.

Eberhard will am Donnerstag mitkommen, aber nur, um seine Siebensachen abzuholen. Das Kapitel Mayrhofen ist für ihn erledigt. Für die Belegschaft kann er nichts tun. Die Lastwagen und Kameras hat ihm der Amerikaner mit dem Hörbügel weggeschnappt. Jetzt kommt es ihm darauf an, München im Auge zu behalten. Wie ein Jäger. Mit der Hand am Drücker. Wer zuerst kommt, schießt zuerst. Das Ziel, das er aufs Korn genommen hat, heißt Kennedy. Denn Kennedy soll und will Geiselgasteig wieder flottmachen. Dafür wird er deutsche Filmfachleute brauchen. Am ehesten solche, die, wie Eberhard, Amerika kennen und Kennedys Muttersprache beherrschen. Ich zähle in der Kalkulation zu den Aktivposten. Denn ich bin politisch unbescholten, kann Filmstoffe und Drehbücher liefern, schulde Eberhard Dank und halte es ja selber für notwendig, die Tiroler Zelte abzubrechen. Das Gescheiteste, meint Eberhard, sei, daß ich gar nicht erst nach Mayrhofen mitkäme, sondern mich bei seiner Mutter in Schondorf einquartiere. Dort werde er Lotte und unser ›zweimal Fünferlei‹, auf der Rückfahrt nach P., gewissenhaft abliefern. Am Ammersee seien wir gut untergebracht, und München, die nächstliegende Zukunft, liege dann auch räumlich in der Nähe.

An der Logik und Zweckmäßigkeit der Überlegungen ist nicht zu rütteln. Trotzdem werde ich am Donnerstag nicht hierbleiben, sondern wieder mitfahren. Logik und Zweckmäßigkeit sind mir zu wenig. Erst recht in dieser

Zwischenzeit. Bahn und Post sind scheintot. Passierschein und Transport hängen von Gnade und Zufall ab. Ich bin kein Schwarzhändler und Gelegenheitsmacher. Und ich muß nicht zuerst kommen, um zu mahlen oder zu malen oder zu schreiben. Ich werde warten, bis der Postbote wieder Briefe austrägt und bis am Bahnhof wieder Fahrkarten verkauft werden. Oder bis man, falls das Geld reicht, in Innsbruck ein Taxi mieten und damit nach München kutschieren kann. Ich bin ein hochmütiger Kleinbürger. Ob mir das gefällt und ob ich mir gefalle, steht nicht zur Debatte.

Eine schlimme, niederdrückende Nachricht! Die Russen besetzen, bis zum 21. Juni, Thüringen, Sachsen und die Provinz Sachsen und Mecklenburg! Und die Amerikaner sind damit einverstanden! Es kann sich nur um ein Zugeständnis älteren Datums handeln. Um eine Klausel aus der Kriegszeit. So ließe sich nachträglich auch das amerikanische Zögern an der Elbe und vor Berlin erklären, nur so und nicht anders. Man löst ein gegebenes Wort ein. Und man verschenkt, mit Mitteldeutschland, Europa!

Diese welthistorische Hiobsbotschaft verdunkelt die Sommersonne wie eine Gewitterwolke aus Schwarz und Schwefelgelb. Es gibt geschichtliche Fehler, die irreparabel sind, und das hier ist einer! Sein Schatten liegt wie Blei auf den Wiesen und auf den Hoffnungen. Und erst recht auf dem aufgeschlagenen Tagebuch und der leeren Spalte, die auf ihren Text wartet.
 Was sonst kann sich schon zugetragen haben? Es mag gemeinhin den spezifischen Reiz solcher Notizen ausma-

chen, daß sich Wichtiges und Unwichtiges mischt. Das Durcheinander im Nacheinander ist ihr unantastbares Ordnungsprinzip. Die Reihenfolge herrscht und duldet keinen Eingriff. Alles, was im Augenblick wichtig erscheint, auch die Bagatelle, gehört an den von der Chronologie zugewiesenen, an den echten Platz. Bereits das Weglassen ist Manipulation und kann Unterschlagung sein. Deshalb also, heute nur deshalb, weiter im Text! Vive la bagatelle!

Eberhard und Uli waren vormittags nach München gefahren, hatten sich mit Kennedy unterhalten und erwähnt, daß ich seit zwei Tagen vorübergehend in P. sei. Diese Tatsache interessierte einige andere Amerikaner sehr und machte sie mobil. Als Eberhard und Uli zurückfuhren, folgte ihnen ein Jeep mit drei Männern des CIC. Sie nahmen auf der Gartenterrasse Platz, lehnten Getränke ab und ließen mich holen. Es wurde eine Vernehmung.

Die zwei, zwischen denen ich am Tisch saß, stammten aus Deutschland. Der Wortführer stellte Fragen, als stelle er Fallen, und schrieb meine Antworten in ein Notizbuch. Der zweite sprach wenig, rauchte viel und spielte mit dem Schießgewehr, das an seinem Knie lehnte. Der dritte, ein Sergeant, hockte, sich und die Maschinenpistole sonnend, auf der halbhohen Terrassenmauer. Er verstand kein Deutsch, unterhielt sich mit einem Kaugummi und spuckte häufig in den Garten. Es handelte sich ganz offensichtlich um außermilitärische Zielübungen.

Das Mißtrauen des Wortführers, eines Leutnants, war mit Händen zu greifen. Über meine Bücher wußte er, mindestens was den Inhalt anlangt, einigermaßen Bescheid. Den ›Fabian‹ bezeichnete er als jenen ›Berliner Roman, worin Bordelle vorkommen‹, und er hätte gar zu gern gewußt, ob es seinerzeit, wie das Buch andeute, tatsächlich außer ›normalen‹ Bordellen auch solche mit männlicher Bedienung für weibliche Kundschaft gegeben oder ob ich das nur erfunden hätte. Meine lichtvollen Ausführungen über den Unterschied von Wirklichkeit und Wahrheit befriedigten den Leutnant nicht sonderlich.

Auch meine anderen Auskünfte stellten ihn nicht zufrieden. Er bohrte an mir herum wie ein Dentist an einem gesunden Zahn. Er suchte eine kariöse Stelle und ärgerte sich, daß er keine fand. Was ich zwölf Jahre lang getan und wovon ich gelebt hätte? Ich unterrichtete ihn in großen Zügen. Er hörte skeptisch zu und machte Notizen. Und warum war ich, unmittelbar nach dem Reichstagsbrand, nach Berlin zurückgekommen, statt in der Schweiz zu bleiben, wo ich meine Ferien verbracht hatte? Um Augenzeuge zu sein? Wovon denn Augenzeuge? Als verbotener Schriftsteller und unerwünschter Bürger? Wie hätte ich denn hinter die Kulissen blicken dürfen? Ich antwortete, mir wäre der Blick hinter die Kulissen weniger wichtig gewesen, als das auf offener Bühne zu erwartende Drama. Darüber hätte ich mich, meinte er, auch im Ausland informieren können, beispielsweise in der Schweiz, etwa durch gründliche Zeitungslektüre. Ich widersprach. Schon bei unbedeutenderen Uraufführungen verließ ich mich nicht gern auf Korrespondenzberichte, geschweige bei der drohenden Tragödie des Jahrhunderts. Ob ich geglaubt hätte, mir könne nichts zustoßen? Ich fragte, warum ich das hätte glauben sollen. Ob ich denn dann keine Angst gehabt hätte? Selbstverständlich hätte ich Angst gehabt, sagte ich.

Wir kamen nicht voran. Einen Helden hätte er vielleicht verstanden. Die Wahrheit verwirrte ihn. Die Verwirrung wuchs, als ich meine Auslandsreisen aufzählte. Ich sei 1937 in Salzburg gewesen? Warum? Um mit Walter Trier, dem Illustrator meiner Bücher, einen Buchplan zu besprechen, ein Salzburg-Buch. Wer hätte die Reise offiziell genehmigt? Niemand. Ich hätte mich des nicht genehmigungspflichtigen Kleinen Grenzverkehrs bedient. Zwischen Reichenhall und Salzburg mehrere Wochen lang täglich hin und zurück. Aber Walter Trier sei doch Jude, oder nicht? Doch. Ich hätte mich auch mit anderen jüdischen Freunden täglich getroffen, die damals in Salzburg waren. Und dann sei ich wieder nach Berlin gefahren? Ja, dann sei ich wieder nach Berlin gefahren.

Und wer hätte 1938 meine Reise nach London befürwortet? Die Reichsschrifttumskammer? Nein, sie hätte den Antrag abgelehnt. Wer also? Ein alter Bekannter, der früher Vertragsjurist bei der Ufa und später Angestellter der Reichsfilmkammer gewesen sei. Was hätte ich in London getan? Ich hätte mich mit Cyrus Brooks, meinem englischen Übersetzer und Agenten, über Geschäfte unterhalten. Ich hätte aber auch andere Leute gesprochen, zum Beispiel Lady Diana, Duff Coopers Frau, und Brendan Bracken, Churchills Sekretär. Hätte ich in England bleiben können? Wahrscheinlich. Warum sei ich nicht geblieben? Weil, kurz vor Chamberlains Flug nach München, akute Kriegsgefahr bestanden habe. Deshalb hätte ich meine Reise sogar vorzeitig abgebrochen. Deshalb? Ja, deshalb.

Als ich schließlich sagte: »Und 1942 war ich ein paar Tage in Zürich«, da holte er dreimal Luft. Dann fragte er ungläubig: »In Zürich? Mitten im Krieg?« »Ja.« »Zu Fuß? Bei Nacht und Nebel?« »Nein, per Flugzeug. Bei schönem Wetter.« »Was wollten Sie dort?« »Ich sollte mir einen Garbo-Film anschauen, den es, infolge des Krieges, in Deutschland nicht zu sehen gab. Eigentlich sollten wir nach Stockholm fliegen. Doch dort war der Film gerade vom Spielplan abgesetzt worden.« »Wir?« »Ja. Jenny Jugo, Klagemann und ich. Die Jugo hätte gern eine Doppelrolle in einer Filmkomödie gespielt, und sie und die Ufa wollten, daß ich das Drehbuch schriebe. Es war in dem merkwürdigen Dreivierteljahr, in dem ich, obwohl nach wie vor als Schriftsteller verboten, bis auf Widerruf Drehbücher schreiben durfte. Diese ›Sondergenehmigung‹ hatte mich, wie ich Ihnen schon eingangs gesagt habe, außerordentlich überrascht. Als wir nach Zürich flogen, galt sie wohl noch.«

Der amerikanische Leutnant senkte den Kopf und schien seine Gedanken zu ordnen. Sein Kollege rauchte. Die Sonne schien auf die Terrasse. Und der Sergeant spuckte in den Garten. »Der Film«, sagte ich, »hieß ›The Twofaced Woman‹, die Garbo spielte eine lustige und eine seriöse Schwester, Melvyn Douglas war der irritierte Partner, und der Film war spottschlecht.« »Woher wußten Sie, daß es diesen Film überhaupt gab?« »Aus einer Zeitungsnotiz irgendeines Korrespondenten im neutralen Ausland.« »Und warum wollten Sie den Film sehen? Um sich Anregungen für das geplante Drehbuch zu holen?« »Nein. Um es nicht schreiben zu müssen. Die Aufgabe interessierte mich nicht sonderlich.« »Deshalb wollten Sie nach Zürich?« »Aber ich wollte ja gar nicht nach Zürich! Und auch nicht nach Stockholm!« »Warum bestanden Sie dann darauf?« »Weil ich es für völlig ausgeschlossen hielt, daß man mitten im Zweiten Weltkrieg einen suspekten Autor ins neutrale Ausland schicken werde, nur damit er sich dort einen schlechten Garbo-Film anschaue. Ich erklärte dem Ufa-Chef Jahn und dem Chefdramaturgen Brunöhler, daß Filmdoppelrollen unweigerlich von gleichen und ähnlichen Lustspielsituationen lebten. Diese gelte es möglichst zu vermeiden! Deshalb müsse ich den Film sehen. Denn ich hätte keine Lust, mich eines Tages als Plagiator anpöbeln zu lassen. Damit hielt ich die Angelegenheit für erledigt. Stattdessen drückte man uns ein paar Tage später die Flugkarten in die Hand und Schweizer Franken als Diätgelder und natürlich die amtlichen Reisepapiere!« »Sahen Sie den Film?« »Ja. Im Vorführraum der Schweizer Filiale der amerikanischen Firma Metro-Goldwyn-Mayer. Es war alles geregelt.« »Haben Sie dann das Drehbuch für Jenny Jugo geschrieben?« »Nein. Es war nicht nötig.« »Warum nicht?« »Weil die Reichsfilmkammer meine Sondergenehmigung zurückzog.« »Weswegen?« »Auf Betreiben des Führerhauptquartiers. Da sich die Reichsschrifttumskammer beschwert hatte.« »Und warum blieben Sie nicht in Zürich? Mitten im Krieg? Dachten Sie, Hitler werde ihn gewinnen?« »Nein«, sagte ich. »Wenn ich das geglaubt hätte, wäre ich womöglich doch in der Schweiz geblieben!«

Nachdem das Trio verschwunden war, erschienen die neugierigen Hausgenossen auf der Terrasse und hätten gern gewußt, was der neugierige Leutnant hatte wissen wollen. Doch ich mußte gestehen, das wisse ich nicht. Vermuten lasse sich nur, daß er das Mißtrauen, mit dem er hergekommen sei, als ›unerledigt‹ wieder mitgenommen habe. Mein Verhalten passe wohl nicht in sein Weltbild, und schon gar nicht in die Typenforschung des CIC. Das habe ihn sichtlich gekränkt. Während wir uns unterhielten, kam ein Mädchen aus dem Haus gelaufen und sagte: »Die drei Amerikaner sind schon wieder da!« Wir waren verblüfft. Hatten sie etwas vergessen? Das Gewehr, die Maschinenpistole oder gar den Notizblock?

Sie hätten, sagten sie, vergessen, die Räume zu besichtigen, und wollten wissen, ob Hitlerbilder im Hause seien. Das verschlug uns ein wenig die Sprache. Echt konnte so viel Naivität kaum sein! Erwarteten sie allen Ernstes, Ende Juni in Deutschland Hitlerbilder an den Wänden zu finden? Wahrscheinlich war es eine Ausrede, an deren Glaubwürdigkeit ihnen überhaupt nichts lag. (Was sie, stattdessen, wirklich suchten und wollten, ist übrigens unklar geblieben.)

Nachdem ihnen die jüngere Tochter die Räumlichkeiten gezeigt hatte, kamen sie noch einmal auf die Terrasse und unterhielten sich mit Eberhard über Mayrhofen. Die Beschlagnahme des Ufa-Eigentums durch Mister Shareen, im Namen der Militärregierung, entspreche den Maßnahmen bei der Bavaria und sei Rechtens. Von einem Zugriff ohne Order könne keine Rede sein. Was aus dem Team werden solle, das ohne Arbeit und Geld in Tirol stecke? Daß sich die Leute auf eigne Verantwortung nach Berlin durchschlagen wollten, lasse sich nicht verbieten. Unterwegs würden sie schon merken, was sie davon hätten. München komme nicht in Frage, da sie, von Geld und Arbeit ganz abgesehen, nicht einmal Unterkunft fänden. Das beste sei, sie blieben in Mayrhofen.

Am Mittwoch wollen wir nach München. Kennedy im Büro aufsuchen. Und die Nase in die Kammerspiele stecken. Das Theater ist ja zum Glück stehengeblieben. Vielleicht treffen wir bei der Gelegenheit Falckenberg und andere Bekannte.

P. in Bayern, 19. Juni 1945

Die Bahnhöfe und Züge, die Briefträger und Postämter, die Depeschenboten und die Telefonklingeln halten noch immer ihren Sommerschlaf. Dorf und Stadt sind Inseln, die voneinander nichts wissen. Sie sind lebendige Punkte, und dazwischen ist nichts. Die Linien zwischen den Punkten fehlen. Wenn es nicht den Rundfunk gäbe, könnte man glauben, man lebe auf dem Mond. Die Ortschaften sind Monaden, und nur der Funk erinnert, notdürftig genug, an gewesene und künftige Zusammenhänge.

So war es jedenfalls bis gestern. Heute ist es anders. Denn heute brachte jemand eine Zeitung ins Haus. Eine Zeitung! Es war wie ein Wunder, und ich las das Wunder dreimal hintereinander. Die Zeitung nennt sich ›Münchener Nachrichten‹, und was ich las, war die zweite Nummer des neuen Blattes, die Wochenendausgabe. Sie brachte als wichtigsten Beitrag einen Aufsatz Friedrich Meineckes. Vor dreiundzwanzig Jahren, im Wintersemester, saß ich in seinem Seminar, und wir verglichen mit ihm die Testamente Friedrichs des Großen. Jetzt ist er zweiundachtzig Jahre alt, wohnt noch immer in Dahlem, wo ich ihn damals besuchte, und hat als erster zur Feder gegriffen.

Er schreibt, ihm, als einem alten Mann am Grabe, werde wohl niemand unterstellen, daß er dem Augenblick nach dem Mund reden wolle. Er betont, wie oft ihm, unter vier Augen, ehemalige Schüler ihren Abscheu vor der Diktatur bekannt hätten. Und er beharrt auf der Meinung, daß, von Terror und Propaganda umzingelt, jede interne Gegenaktion erstickt worden wäre. Wird man ihm im Ausland glauben? Die Redaktion distanziert sich und erklärt, daß sie seine Auffassungen nicht teile.

Das ist verständlich, denn die Redakteure sind Amerikaner, höchstwahrscheinlich Emigranten, und es wäre übermenschlich, wenn sie ihm beipflichteten. Daß sie seine Meinung, die nicht die ihre ist, abdrucken, schon das ist viel. Es gibt, vor aller Öffentlichkeit, wieder mehrerlei Meinungen! Früher einmal war das selbstverständlich. Notabene: Es ist ganz und gar nicht selbstverständlich. Notate bene! Merkt's euch gut!

In diesem Zusammenhang fällt mir der Österreicher ein, der 1942 im Café Glockenspiel, in Salzburg, am Nebentisch saß. Er trank seine Schale Nuß wie früher, rauchte seine Virginia, wie früher, trank ein Glas Wasser nach dem anderen wie früher und las, wie früher, sämtliche Tageszeitungen. Sie lagen, in den üblichen Haltern und hübsch zusammengerollt, auf einem zweiten Stuhl, und er las ein Blatt nach dem anderen, gründlich, Seite für Seite und Zeile für Zeile. Als er gegangen war, winkte ich dem Oberkellner und fragte: »Warum hat denn der Herr sechs Zeitungen gelesen?« »Das tut er täglich. Seit zwanzig Jahren. Deswegen geht man ja bei uns ins Kaffeehaus!« »Das ist mir bekannt«, sagte ich, »aber seit 1938 steht doch auch bei Ihnen in jeder Zeitung ein und dasselbe! Hat er das denn noch nicht gemerkt?« Der Ober lächelte milde und meinte: »Ja, gemerkt dürfte er's schon haben. Doch er hat es immer so gemacht. Und von alten Gewohnheiten trennt man sich bei uns nicht gern.«

P. in Bayern, 20. Juni 1945

Heute morgen waren wir mit Eberhards Auto in München. Es war nicht ganz einfach, Kennedy zu finden. Die

›officers‹ für Theater, Film und Presse zogen eifrig um. In andere Zimmer und in andere beschlagnahmte Häuser. In den Büros und Korridoren und auf den Treppen wimmelte es von deutschen Schauspielern, Regisseuren, Journalisten und Filmleuten. Es ging zu wie auf dem Rialto. Man will Auskunft. Man sucht Anschluß. Man hat Pläne. Man fällt alten Kollegen vor Wiedersehensfreude um den Hals. Man wohnt noch auf dem Land. Man will nach München ziehen. Wer erteilt die Genehmigung? Wird Falckenberg die Kammerspiele behalten? Womit wird er eröffnen? Mit Thornton Wilders ›Our Town‹? Wann? Erst im September?

Endlich fanden wir Kennedy. Er war in Paris und London gewesen und im Begriff, nach Bad Homburg zu fahren. Über die Münchner Situation wisse er kaum noch Bescheid. Leider. Er verwies uns an seine Mitarbeiter. Einige Namen behielten wir im Ohr. Ross, Richards, van Loon. Plötzlich faßte ich Kennedy am Ärmel. Denn mein Leutnant von gestern kam den Korridor entlang! Ich erfuhr, daß er früher beim Intelligence Service in London gedient habe und jetzt, als Secret Service-Spezialist, Colonel Kinard zugeteilt sei. Er nenne sich Dr. Dunner. Doctor Dunner? Das riecht förmlich nach ›nom de guerre‹.

Es gab auch erfreulichere Begegnungen. Ich traf Wolfgang Koeppen und Arnulf Schröder und später, im Hof der Kammerspiele, Rudi Schündler und Arthur Maria Rabenalt. Die beiden wollen hier im Theater, mit Genehmigung der Stadt, ein Kabarettprogramm starten. Sie probieren schon und sind Feuer und Flamme. Was sie bringen werden? Texte von Villon, Ringelnatz und Baudelaire, Blackouts, Tanzszenen, hübsche Mädchen.

Hübsche Mädchen seien weniger rar als gute Texte, und aktuelle Chansons fehlten ihnen völlig. Mich schicke der Himmel. Ich müsse mitmachen. Daß ich nichts Neues geschrieben hätte, sei bedauerlich, aber reparabel. Sie würden mir ein paar Tage Zeit lassen. Das gehe nicht? Morgen nachmittag führe ich wieder ins Zillertal? Was ich denn dort oben wolle? So ein Nonsens! Hier in München bräche die Kultur aus, und ich führe in die Himbeeren!

Sie verschleppten uns in die Ruine des Nationaltheaters. Die Kantine ist intakt und wird notdürftig bewirtschaftet. Hier trafen wir unter anderm Albert Hoermann, der graue Haare bekommen hat und, falls Falckenberg nicht mit Wilders Stück eröffnet, den Mackie Messer spielen möchte. Große Rosinen, das muß ich schon sagen. Robert A. Stemmle denkt praktischer. Er bereitet einen Bunten Abend vor, mit dem er die amerikanischen Truppen amüsieren will. Eine Art Wehrmachtstournee. Ein handfester Plan. Arien gegen Zigaretten, Tänze gegen Konserven, Humor gegen Schnaps, Zauberkunststücke gegen Benzin. Im Augenblick hat er freilich Probenverbot. Warum? Er weiß es nicht. Hat man gegen das eine oder andere Mitglied seines Ensembles politische Bedenken? Oder gegen mehrere Mitglieder? Feststeht, daß er die Proben unterbrechen mußte.

P. in Bayern, 21. Juni 1945

Heute früh waren wir schon wieder in München. Vitalität steckt an. Wir haben uns gestern infiziert. Es handelt sich um einen Anfall von Arbeitsfieber. Bei Eberhard mehr als bei mir. Ich habe nur etwas Übertemperatur. Immerhin, auch mich hat es gepackt. In den Ruinen geistert nicht die Cholera. Es grassiert die Influenza vitalis, eine kerngesunde Epidemie. Es geht zu wie in Klondyke. Wenn man zu charakterisieren sucht, was man ringsum erlebt, fallen einem ganz, ganz altmodische Wörter ein, wie ›Hoffnungsschimmer‹, ›Morgenröte‹, ›Schaffensfreude‹, ›Glücksrausch‹ und ›Lebensmut‹. Der Magen knurrt, doch die Augen blitzen. ›Trunkenheit ohne Wein‹. Alle miteinander sind um zehn Jahre jünger geworden. Der Kalender verbessert mich: um zwölf Jahre jünger.

Eberhard machte Rabenalt und Schündler im Hof der Kammerspiele klar, daß sie für ihr Kabarett dringend einen Mann brauchten, der etwas von Geschäften verstehe. Sie gaben ihm recht. Als er erklärte, daß er dieser Mann sei, gaben sie ihm wieder recht. Er wolle, sagte er, nicht nur die Geschäfte führen, sondern auch das Risiko tragen. Ihnen fiel ein Stein vom Herzen. Denn jetzt hat das Kabarett einen geschäftlichen Direktor. Es hat, wenn uns nichts Besseres einfallen sollte, sogar schon einen Namen. Schündler hat ihn vorgeschlagen. Es soll ›Die Schaubude‹ heißen.

Ob Falckenberg im Herbst das Theater übernehmen kann, ist fraglich. Die Amerikaner haben, im Verlauf einer Haussuchung, Kopien von Briefen gefunden, die er Hitler geschrieben hat. Näheres weiß man nicht. Man munkelt nur, daß die Haussuchung aufgrund einer anonymen Anzeige erfolgt sei. Was, um alles in der Welt, kann ein Mann wie Otto Falckenberg jenem Schnurrbart geschrieben haben? Und wer, wenn er scheitern sollte, käme statt seiner in Frage?

Am Eröffnungstermin des Theaters wird sich nichts ändern. ›Die Schaubude‹ wird, wenn sie Erfolg haben sollte, umziehen müssen. Wohin? In welche Ruine? Schündler und Rabenalt zucken die Achseln. Noch ist es nicht Herbst. Noch ist der Vorhang nicht aufgegangen. Außerdem wäre dieses Problem nicht ihre Sorge. Sie haben ja einen geschäftlichen Direktor.

Da ich in P. ein Exemplar von ›Herz auf Taille‹ entdeckt hatte, schlug ich Schündler vor, den Text ›Kennst du das Land, wo die Kanonen blühn?‹ ins Programm aufzunehmen und, das sei nicht unwichtig, auf das Entstehungsdatum des Gedichts kurz hinzuweisen. Ob ich denn wirklich nach Tirol zurückwolle? Ja, am Nachmittag.

Bevor wir wieder nach P. fuhren, war ich bei der Commerz- und Privatbank. In einer Büroruine. Mit meinem Banksparbuch, das ich vorsorglich in Mayrhofen eingesteckt hatte. Die Vorsorge erwies sich als überflüssig. Ehe man nicht wieder mit Berlin Verbindung habe, könne man mir keinen Pfennig auszahlen. Es sei völlig unmöglich. (Dann nicht, liebe Tante!)

P. in Bayern, 22. Juni 1945

Wir sind gestern leider nicht abgeholt worden. Stundenlang saßen wir gestiefelt und gespornt vorm Haus und warteten, daß der Jeep einböge. Hoffentlich kommt er heute. Uli schwört, sein Oberstleutnant sei zuverlässig. Gott geb's. Denn ich werde ungeduldig, und ohne den Jeep sind wir verraten und verkauft. Das Herumfressen bei halbfremden Leuten war noch nie meine Sache. Geben ist nicht nur seliger als nehmen, sondern auch ungleich bequemer.

Wenn wenigstens die hausschlachtene und angeräucherte Wurst nicht so gut schmeckte! Der Kampf zwischen meinem schlechten Gewissen als Gast und der guten Wurst auf dem Tisch zehrt und zerrt an meinem

Befinden. Ich ärgere mich, wenn ich eine Scheibe zuviel esse. Ich ärgere mich, wenn ich eine Scheibe zuwenig esse. Und die Gastgeber sind nicht unerschöpflich, und auch ihre Gastlichkeit hat Grenzen. Sie war limitiert. Bis gestern nachmittag lächelten sie ungezwungen. Heute geben sie sich Mühe. Ich kann ihnen kaum noch ins Gesicht sehen.

Uli Haupt hat bessere Nerven als ich. Er ließ Eberhard vorfühlen, ob seine Frau und die Kinder, mit deren Ankunft aus dem Harz er jederzeit rechnen muß, hier wohnen dürften, bis er für sie und sich eine Bleibe gefunden hätte. Eberhard fühlte vor und kehrte mit einem glatten Nein zurück. Uli war beinahe gekränkt. Bessere Nerven allein tun es auch nicht.

Die Schuhe, die ich trage, hat mir Horst Kyrath geborgt. Meine Knickerbockerhose ist so fadenscheinig geworden, daß ich mich kaum noch zu setzen wage, aus Angst, der Hosenboden könne reißen und sich in ein Schaufenster verwandeln. Wenn ich mich setze, lasse ich mich ganz vorsichtig nieder. Ich nehme Platz. Wie eine Dame in großer Abendtoilette. Außerdem habe ich nur noch ein einziges sauberes Taschentuch. Wenn bloß dieser verdammte Jeep käme.

P. in Bayern, 25. Juni 1945

Es ist, um aus der Haut zu fahren. Der Jeep kommt nicht. Am Donnerstag wollte man uns abholen, und heute ist Montag. Wenn es nicht so gräßlich wäre, wäre es zum Totlachen. Doch es ist zum Totschämen. Die Frau des Hauses hat sich, wahrscheinlich bis zu unserer Abreise, in ihre Gemächer zurückgezogen. Sie zeigt uns ihre Entrüstung, indem sie sich nicht mehr zeigt. Vielleicht betet sie, daß der Himmel sie von uns befreien möge. Hoffentlich hört der Himmel zu.

Die Dienstboten sind stumm. Die Mahlzeiten, die sie uns kredenzen, werden zusehends schmäler, wären aber auskömmlich, wenn wir sie aufäßen. Doch wir trauen uns nicht. Ich picke und nippe wie ein Kanarienvogel im Bauer. Es entspricht der Lage. Daß die Tür des Käfigs offensteht, nützt uns nichts. Wir sind angeleimt.

Ringelnatz war einmal von einem reichen Bewunderer zum Mittagessen gebeten worden. Als das Dienstmädchen öffnete und den ramponierten Matrosen erblickte, schlug sie vor Schreck die Tür wieder zu. Aber sie hatte ein weiches Herz. Deshalb brachte sie kurz darauf dem Mann, den sie für einen Bettler hielt, einen Teller Suppe hinaus und sagte: »Da! Wärmen Sie sich ein bißchen auf!« Und als der Gastgeber, der sich verspätet hatte, die Treppe hinaufeilte, sah er seinen Gast und Dichter auf den Stufen sitzen und Suppe löffeln. Schade, daß Ringelnatz aus diesem Erlebnis kein Gedicht gemacht hat!

Mitten in den Wiesen, die zum Gutshof gehören, liegt ein Wäldchen. Hier, am Waldsaum, sitzen Uli und ich tagtäglich stundenlang, kauen Grashalme und starren unverwandt zu der Fahrstraße hinauf und zu dem Weg, der von ihr abzweigt und zum Gutshof führt. Weiter als bis zur Straßenkurve reicht unser Horizont nicht. Wir warten auf einen Jeep, der rechts auftauchen, das Tempo drosseln, in den Weg einbiegen und uns abholen wird. Auf einen Jeep, bei dessen Anblick wir Indianertänze aufführen und markerschütternd schreien werden: »Endlich!«

Meist ist die Straße leer. Manchmal rollt ein Ochsenfuhrwerk den Horizont entlang. Zuweilen kommt ein Radfahrer vorbei. Mitunter, selten genug, zeigt sich sogar ein Jeep. Dann springen wir auf. Doch nie ist es unser Jeep. Immer nur einer seiner unzähligen Zwillinge. Und wenn er, statt einzubiegen, weiterfährt, setzen wir uns wieder auf den gefällten Baumstamm und lassen die Köpfe hängen.

Abends trotten wir ins Wohnzimmer und leisten den jungen Damen ein wenig Gesellschaft. Sie geben sich große Mühe, uns vergessen zu machen, wie sehr wir stören. Sie mogeln Wein aus dem Keller, spendieren uns ein paar Zigaretten, bringen alte Zeitschriften herbei und spielen mit uns Karten. Ich komme mir vor wie auf den Stellproben für einen ruhigen Lebensabend. Es ist ebenso rührend wie idiotisch.

Am Freitag fuhr Else, eine der Töchter, bis zum nächsten amerikanischen Kontrollposten auf der Autobahn und beschwatzte den Boy am Feldtelefon solange, bis er tatsächlich Ulis Oberstleutnant in Schwaz anrief. Nein, man habe uns keineswegs vergessen, und der Jeep käme am Sonnabend. Doch er kam weder am Sonnabend noch gestern am Sonntag. Deshalb fuhr Else abends wieder zur Autobahn, und wieder tat ihr, wenn auch erst nach langem Palaver, der Posten den Gefallen, Schwaz anzurufen. Diesmal ließ man uns ausrichten, der Colonel und der Jeep seien dienstlich unterwegs. Nach ihrer Rückkehr werde man den Wagen unverzüglich losschikken. Mit dem gleichen Fahrer, der uns nach P. gebracht habe. Da er den Weg schon kenne, könne nichts passieren. Jetzt haben wir Montag abend, und es ist tatsächlich nichts passiert.

P. in Bayern, 27. Juni 1945

Am vorigen Donnerstag wollte man uns abholen, und heute ist Mittwoch. Unser Passierschein ist seit sechs Tagen ungültig. Und Frau Weiß hat verlauten lassen, daß sie uns vor die Tür setzen werde. In normalen Zeiten wäre eine solche Drohung das letzte Signal. Auch für die hartgesottensten Gäste. Auch für überdimensionale Rüpel und Flegel. Trotzdem werden wir erst gehen, wenn der Stallknecht mit aufgekrempelten Ärmeln anrückt. Weiß denn die empörte Dame in ihren weltfremden Gemächern nicht, daß wir längst gegangen wären, wenn wir auch nur die leiseste Ahnung hätten, wohin?

Uli ist in München, um Schwaz zu alarmieren. Dann will er in die Waldfriedhofstraße zum Colonel Kinard und versuchen, daß uns dieser den Passierschein verlängert. Ich sitze auf unserem Baumstamm am Waldrand und mustere den Horizont. Der Rucksack liegt im Gras. Wenn der Jeep kommt, gehe ich gar nicht erst ins Haus zurück, sondern fahre nach München und zwicke Uli in der Waldfriedhofstraße auf. Vier Stunden später wären wir in Tirol. Aber der Jeep kommt nicht.

Neben dem Rucksack liegt ein alter Schulatlas, den ich im Haus aufgestöbert habe. Ich habe, in Bausch und Bogen, die Kilometerzahl von hier bis Mayrhofen ausgerechnet und festgestellt, daß ich zu Fuß die Strecke in sechs bis acht Tagen bewältigen könnte. Eher in acht als in sechs, denn die Schuhe, die mir Kyrath geborgt hat, passen mir nicht so gut wie ihm. Ich fürchte, die romantische Wanderlust verginge mir nicht erst am Inn. Und womöglich führe schon am ersten Tag ein Jeep aus Schwaz achtlos an mir armem humpelnden Landstreicher vorüber! Und wenn der Wagen auf dem Gut einträfe, wüßte keiner, wo ich wäre! Das fehlte gerade noch.

Auch sonst taugt der Plan nichts. Schon nach zehn Kilometern fiele ich einer amerikanischen Streife in die Hände. Wanderer ohne Passierschein sind ein gesuchter Artikel. Wohin man mich brächte, weiß ich nicht. Doch bestimmt nicht nach Mayrhofen.

Gestern saß Uli auf dem Baumstamm, und ich war in München. Wir lassen den Waldrand nicht unbesetzt. Und wer Dienst hat, weiß, wo der andre im Ernstfall zu finden ist. Ich war mit Eberhard in den Kammerspielen und später allein in der Renatastraße. Im Hof des Theaters freudiges Wiedersehen mit Werner Buhre! Es ist frappierend, wer alles sich hier wiedertrifft! Fast pausenlos fallen sich Menschen um den Hals. Man sollte eines Tages eine Erinnerungstafel anbringen, worauf stünde: ›Der Hof des Wiedersehens 1945‹.

Werner haust augenblicklich, als Platzhalter, in Ellen Franks Wohnung in der Keplerstraße. Ellen ist mit dem Kind noch auf dem Land. Platz hat er genug. Vier Zimmer. Das Mobiliar besteht aus einem Tisch und einem Bett. Auch sonst huldigt er notgedrungen dem einfachen Leben. Da er nur ein Hemd besitzt, muß er sich, bevor es gewaschen wird, ein zweites borgen. Unter der Hose schauten die Knobelbecher hervor. In der Brieftasche hat er noch ein paar hundert Mark. Wenn sie fort sind, ist er am Ende. Es macht ihm wenig aus. Er amüsiert sich vor sich hin.

In der Renatastraße beschäftigte sich ein Amerikaner mit mir, der griechischer Abstammung ist und Typograph heißt. Er nahm zunächst, für irgendeine Kartothek, meine Personalien auf und drückte mir dann einen sechsseitigen Fragebogen in die Hand, den ich ausfüllen soll. Die ausgefüllten Formulare würden in Paris überprüft. In Paris? Jawohl. Die Angaben seien oft unvollständig und nachweislich unwahr. Das bringe Zeitverlust und Ärger mit sich. Wie ja überhaupt die kapitale Schwierigkeit beim kulturellen Wiederaufbau nicht im vorgefundenen Materialverlust bestehe, sondern in der irreparablen Einbuße an menschlicher Integrität. Zerstörte Theater, Bibliotheken, Laboratorien, Schulen und Justizpaläste ließen sich ersetzen, das sei nur eine Geldfrage. Wie aber könne man beschädigte Künstler, Lehrer, Forscher und Richter reparieren? Dafür gebe es kein Rezept. Die Zahl der Unbescholtenen und Blütenweißen sei, am Bedarf gemessen, minimal. Wickelkinder eigneten sich zwar dank ihrer politischen Konduite, sonst jedoch kaum. Also müsse man wohl oder übel mit denen zusammenarbeiten, die auch mit Hitler zusammengearbeitet hätten. Ein solides Fundament existiere nicht. Herbeizaubern könne man keines. Ob das fatale Fundament den Neubau tragen könne und wolle, wisse niemand. Man müsse es riskieren. Denn die einzige Alternativlösung, die sich anbiete, lehne Amerika strikt ab. Wie die Alternative laute, fragte ich. »Gar nicht erst bauen!« sagte Mister Typograph. »Die Trümmer und das Fundament, morsch oder nicht, sich selber überlassen!«

Mr. Typograph ist gescheit und hat recht. Es gibt, außer in der Theorie, keine Alternative. Und es gibt kein solides Fundament für den Bau. Er und ich werden auf dem Bauplatz zu finden sein. Er im Personalbüro, und ich beim Ziegeltragen oder an der Mörtelmaschine, man wird sehen. Das Haus wird gebaut werden, da gibt es keinen Zweifel. Ob das Fundament hält oder nicht, das werden wir erst viel später merken. Vielleicht stellt es sich als ›fundamentaler‹ Irrtum heraus.

Parteimitglieder, erklärt Mr. Typograph, werde das amerikanische Personalbüro beim Bau nicht zulassen. In diesem Punkt kenne man keinen Kompromiß. Auch Männer wie Gründgens und Furtwängler dürften die Baustelle nicht betreten. Sie hätten ihren guten Namen verwirkt. Talent sei kein Freibrief. Sie hätten Hitler geholfen, das Dritte Reich künstlerisch salonfähig zu machen. Er redete sich in Feuer. Als ich versuchte, das Verhalten gerade Furtwänglers zu entschuldigen, gab er eine Handbreit nach. Dann wechselte er das Thema.

An die baldige Rückkehr des Ufa-Teams nach Berlin sei nicht zu denken, und an eine Reise nach Dresden schon gar nicht. Auch er könne keineswegs fahren, wohin er wolle. Weder in die Schweiz noch zu Verwandtenbesuch nach Griechenland. Aber die Fesseln der Freizügigkeit würden langsam gelockert, und zwar in Phasen. Demnächst trete die fünfte Phase in Kraft. Dann könne man Reisegesuche einreichen. Sie würden zunächst in Frankfurt geprüft. Von Frankfurt aus würden sie, um die russische Stellungnahme zu ergründen, nach Berlin geschickt und von Berlin aus wieder nach Frankfurt. Ich sagte, unter diesen Umständen und Umständlichkeiten empfehle es sich wohl, auf die sechste Phase zu warten.

Abschließend teilte er mir mit, daß er einige meiner Bücher kenne und daß er in amerikanischen Nachtclubs Gedichte von mir gehört habe. Im Korridor stießen wir auf den schneidigen und etwas mysteriösen Dr. Dunner. Er war auf dem Weg nach Freiburg.

Ich habe meinen Posten am Waldrand verlassen. Die Mücken trieben es ziemlich bunt. Meine Hände sind völlig zerstochen und rotgeschwollen. Und der Jeep kommt ja doch nicht. Man benimmt sich wie eine Klapperschlange, die ein Kaninchen hypnotisiert, das es gar nicht gibt. Eine durchaus schwachsinnige Beschäftigung. Jetzt sitze ich im Wohnzimmer. Angeblich im Lehnstuhl. In Wahrheit auf glühenden Kohlen. Was wird Uli Haupt in München erreichen? Und wird er überhaupt etwas erreichen?

P. in Bayern, 28. Juni 1945

Den Oberstleutnant hat er erreicht, sonst nichts. Daß wir nicht abgeholt worden sind, wußten wir ja schon. Damit hat er Uli nichts Neues erzählt. Neu für uns ist der Grund. Der Grund ist ein General, der vor einer Woche unangemeldet in Schwaz auftauchte, um die im Zillertal stationierten Truppen zu besichtigen. ›Unser‹ Jeep war schon auf dem Sprung, uns zu holen, und konnte, im letzten Augenblick, gerade noch zurückgehalten werden. Zum Glück für den Oberstleutnant. Denn besagter General genießt als Inspekteur einen fast legendären Ruf. Er merkt, wenn in einer Kompanieschreibstube ein Lineal oder ein Bleistift fehlt. Daß im Fahrzeugpark ein Jeep und bei den Unteroffizieren ein Sergeant fehle, wäre ihm unweigerlich aufgefallen, und der Oberstleutnant hätte Farbe bekennen müssen. Daß ein Jeep und ein Sergeant abgängig seien, um einen deutschen Schauspieler und einen deutschen Schriftsteller aus dem schönen Bayern nach dem ebenso schönen Tirol zu verbringen, hätte den General nicht gefreut. Männer seines Schlages und Ranges haben notwendigerweise von den Aufgaben des Siegers eine ernstere Vorstellung. Man darf es ihnen nicht verargen.

Dem General schien es im Zillertal zu gefallen. Er blieb. Er ordnete eine Parade an. Er ließ ein mehrtägiges

Manöver durchführen, mit Nachtübungen und hübschen bunten Leuchtkugeln. Zur Zeit interessiert er sich für Gemsen und anderes Bergwild. Wie lange er zu bleiben gedenkt, ist ungewiß. Der Oberstleutnant kann ihn nicht fragen. Das wäre unhöflich. Also muß er warten. Also müssen wir warten. Sobald der General verschwunden ist, startet der Jeep, um uns in P. zu erlösen. Wo wir sein werden, wenn er in P. eintrifft, ist ungewiß. In P. werden wir nicht mehr sein. Am Wäldchen werden wir nicht mehr sitzen. Denn...

Denn als Eberhard gestern abend die oberen Gemächer aufsuchte und die lustige Geschichte vom General zum besten gab, brach Frau Weiß zusammen. Es scheint sich um eine Mischung von Herzattacke, Weinkrampf und Tobsuchtsanfall gehandelt zu haben. Eberhard kam blaß ins Wohnzimmer, wo wir eine Streit-Patience spielten, und überbrachte uns den Ausweisungsbefehl.

Heute nachmittag – das ist der äußerste Termin, den er der verzweifelten Frau abringen konnte – fährt er uns breit. Erst bringen wir Uli nach München, der zur Not bei einem Kollegen unterkriechen kann. Dann fahren wir nach Schondorf. Zu Eberhards Mutter und Schwester. Ich bin bereit, die nächste Zeit von Baumrinde zu leben und stehend in einem Kleiderschrank zu schlafen, es soll mir recht sein. Nur fort aus dieser Nervenmühle!

Mayrhofen III
29. Juni bis 5. Juli

Aus der Chronik

29. Juni	Rückkehr der Slowakei in den Staatsverband der tschechoslowakischen Republik.
4. Juli	Österreich wird in den Grenzen von 1937 wiederhergestellt und in vier Besatzungszonen gegliedert.
5. Juli	Die polnische Exilregierung löst sich auf. Die provisorische Regierung Osobka wird von den Großmächten anerkannt.
7. Juli	Das Saargebiet erhält eigene Verwaltung unter französischem Protektorat.

Mayrhofen, 29. Juni 1945

Gestern mittag kam der Jeep! Ein wenig später, und ich wäre auf dem Weg nach Schondorf gewesen! Der General hatte endlich ein Einsehen gehabt und Schwaz am frühen Morgen verlassen. Zehn Minuten später schob sich der Sergeant, mit einem gültigen Passierschein für uns in der Brusttasche, hinters Lenkrad und war nicht mehr zu halten.

Er wurde, während er in der Gutsküche verschnaufte, bewirtet, als habe er den Verlorenen Sohn heimgebracht. Er holte ihn zwar fort, doch die Freude war die gleiche. Die Abschiedszeremonie hielt nicht lange auf. Denn keiner konnte es erwarten, ungestört den ersten Seufzer der Erleichterung auszustoßen. Als der Jeep das Wäldchen passierte, fiel mir ein zentnerschwerer Stein vom Herzen. Ich ließ ihn liegen.

Zunächst fuhren wir kreuz und quer durch München, um Uli Haupt zu finden. Das war, obwohl er mir einige Adressen angegeben hatte, gar nicht einfach. Hier war er schon wieder fort. Dort war er noch nicht gewesen. Es ging zu wie auf der Schnitzeljagd. Und wir erwischten ihn erst acht Uhr abends. Er machte einen Luftsprung.

Drei Stunden später waren wir in Schwaz und wurden von dem Oberstleutnant mit lautem Hallo begrüßt. Wir wollten sofort weiter, aber er wollte das weniger. Er hatte Durst. Seine Ordonnanz hatte Durst. Der Sergeant im Jeep hatte Durst. Und so blieb uns nichts übrig, als auszusteigen und ebenfalls Durst zu haben.

So eine kurzerhand beschlagnahmte Villa ist ein ungemütlicher Ort. Wer drin wohnt, dem gehört sie nicht, und wem sie gehört, der wohnt nicht drin. Man kennt ihn nicht, aber man erkennt ihn wieder. Vom Sofa bis zur Tischdecke und zum Zahnputzglas, alles erinnert an die Leute, die früher einmal die Kommoden und Wandbilder, die Flurgarderobe, die Lampen, die Vasen und die Aschenbecher ausgesucht und gekauft haben. Das Speisezimmer verrät ihren Dutzendgeschmack. Das Schlafzimmer entblößt ihre gutbürgerliche Lüsternheit. Spielzeug liegt noch herum. Haben es die Kinder vergessen? Ging es so eilig zu, als man die Familie vor die Tür setzte? Ins Gewesene mischen sich Whiskydunst und Kasernengeruch. Überm Lehnstuhl hängt ein Koppel mit dem Dienstrevolver. Vorm zerwühlten Doppelbett liegen, achtlos hingeworfen, Reitstiefel. Auf dem Nachttisch steht, im Silberrahmen, die mit einer zärtlichen Widmung geschmückte Fotografie einer deutschen Filmschauspielerin. So eine Villa ist ein tristes Stilleben. Nature morte? Culture morte.

Die drei amerikanischen Landsknechte brachten Flaschen und Gläser auf den Tisch, zogen die Jacken aus und gaben sich dem Feierabend hin. Daß einer von ihnen ein Oberstleutnant war, interessierte sie nicht, am wenigsten den Oberstleutnant selber. Da er ein Unterhemdchen anhatte, kam die reiche Tätowierung seiner Athletenarme voll zur Geltung. Man hätte ihn mühelos für einen

Matrosen halten können, und nicht nur wegen der blauen und deftigen Kaltnadelkunstwerke auf der Haut. Als er, noch dazu beidhändig, versuchte, einige kleine Pickel am Kinn auszudrücken, wollte ich ihn und mich nicht irritieren und blickte zum Sofa hinüber. Doch auch dort ging es feldmarschmäßig zu. Der Fahrer des Jeeps reinigte sich, mit der größten Klinge seines Taschenmessers, die Fingernägel. Meine geheime Befürchtung, er könne sich wehtun, erwies sich, bei näherem und längerem Zusehen, als unbegründet. Er besaß eine geradezu nachtwandlerische Routine.

So hockten, tranken und rauchten wir, bis der Oberstleutnant gähnte. Er entledigte sich ungezwungen seiner Hosen, trank das Glas leer, klopfte uns auf die Schulter und begab sich ins Doppelbett. Die Ordonnanz deckte ihn fürsorglich zu. Und der Fahrer, so müde er war, transportierte uns noch nach Mayrhofen hinauf. Wir konnten ihm zum Dank nur die Hand geben. Sonst hatten wir nichts.

Lotte war noch wach, saß in Steiners Wohnzimmer und hatte gelesen. Mein Bericht dauerte länger als der ihre, denn im Dorf war, während Uli und ich uns in der weiten, weiten Welt herumgetrieben hatten, nichts Nennenswertes passiert. Das Warten, wann wir wohl wiederkämen, sei täglich mühsamer geworden, weil es ja auf die Frage nach dem Grund oder der Ursache der wachsenden Verspätung keine befriedigende Antwort gegeben hätte, und Vermutungen seien ein häßlicher Zeitvertreib. Daß ein amerikanischer General mit drei Sternen der ahnungslos Schuldige sein könne, habe die Phantasie begreiflicherweise nicht in Erwägung gezogen.

Nun war ich also wieder da, und wir gingen zur Tagesordnung über, d. h. ich aß mitten in der Nacht zu Abend. Es gab Butter und Schweizer Käse, ja sogar ein paar Scheiben Brot. Und es gab weit und breit keine soignierte alte Dame, die, weil ich tüchtig zugriff und es mir schmecken ließ, zusammengebrochen wäre.

Zu der chronischen Befürchtung der ›Reichsdeutschen‹, sie könnten kurzerhand abgeschoben werden, tritt die blanke Furcht, man werde sie zunächst in mit Stacheldraht umzäunte Lager stecken. An solchen Lagern herrscht ja kein Mangel. Es gibt die alten, und es gibt neue. Hunderttausende von Kriegsgefangenen warten in Lagern auf ihre Entlassung. Aber auch befreite Konzentrationslagerhäftlinge befinden sich erneut in Lagern, wo man sie, in ihrem eigenen Interesse und zur notwendigen Erhellung der grauenhaften Geschehnisse, ausführlich befragt. Und in allen Lagern, geht das Gerücht, würden die Insassen von den Wachmannschaften schamlos bestohlen, vor allem von Polen und Russen, verschleppten Fremdarbeitern, die nun, uniformiert und bewaffnet, die Inhaftierten beaufsichtigen. Sie wollen sich rächen, und sie rächen sich an den Falschen. Die amerikanischen Kommandanten seien nahezu machtlos. Welch ein heilloses Quidproquo!

Der Berliner Sender habe, wurde erzählt, ein Interview mit dem ›Gaukulturwart‹ Alfred Beierle übertragen, worin er mitgeteilt haben soll, seine erste Veranstaltung werde ein Kästner-Abend sein. Daß er einen solchen Abend plant, glaube ich, und es freut mich, denn er ist ein vorzüglicher Rezitator. Er weiß, durch gemeinsame Plattenaufnahmen für eine sozialistische Gruppe, wie ich selber die Gedichte spreche, und er kann es besser als ich. Bei der Bezeichnung ›Gaukulturwart‹ muß es sich um einen kompakten Hörfehler handeln. Das Wort ist so mausetot wie seine Erfinder. Hoffentlich.

Beierle war immer ein Bohemien, und so wurde er im Kriegsberlin der Bohemien unter den Schwarzhändlern. Als er einen Posten Würstchen an der Hand hatte, das Paar zum Preis von zehn Mark, mußte Elfriede Mechnig zum Bahnhof Charlottenburg rennen, wo er ihr die von mir bestellten zehn Paar, flüchtig in Zeitungspapier eingewickelt, entgegenstreckte. Wenn man bei ihm Damenstrümpfe kaufen wollte, hatte man am Telefon für seidene Strümpfe ›Goethe‹ und für kunstseidene ›Schiller‹ zu sagen, für die Strumpfgröße 8 ›achter Band‹ und für die nächstgrößere halbe Nummer ›Band acht bis neun‹. Man bestellte also, beispielsweise, drei Bände Goethe und vier Bände Schiller, und samt und sonders die Bände ›acht bis neun‹ der vorrätigen Klassikerausgaben.

Sträfliche Unachtsamkeit und zweischneidige Übervorsicht gehörten gleicherweise zu Beierles Geschäftsprinzipien, und eines war so riskant wie das andere. Als ich ihm einmal, an der Garderobe eines Nachtlokals, eine unbeglichene Rechnung bezahlte und er mir Geld herausgeben wollte, fielen ihm so viele Kaffeebohnen, grüne und gebrannte, aus der Tasche, daß er sich vor Lachen fast verschluckt hätte. Die Garderobenfrau und der Geschäftsführer machten große Augen. Nun darf er also wieder Gedichte aufsagen, der Alfred Beierle, und das freut mich.

Ehe ich es vergesse, denn dafür wäre es zu schade: Als Carl Hofer wegen seiner durch einen Bombenangriff zerstörten Gemälde Schadenersatzansprüche geltend machte, beauftragte die Kulturkammer den Architekten Wilhelm Kreis, den Erfinder der in Deutschland weitverbreiteten Bismarcktürme, ein Gutachten abzugeben. Das war für einen staatsfrommen Mann wie Kreis eine nicht unpikante Aufgabe, denn Hofer war als ›entarteter‹ Künstler in Acht und Bann, und es stand außer Zweifel, was die Kulturkammer vom Sachverständigen erwartete. Er sollte den Anspruch rundweg ablehnen, etwa mit dem Argument, daß durch den Verlust kunstfeindlicher Gemälde kein Schaden entstanden sein könne, außer in Höhe der Materialunkosten für Leinwand, Ölfarbe, Terpentin und ein paar Dutzend Keilrahmen.

Weil aber in der Brust des Baumeisters und Professors Kreis das Schamgefühl noch nicht ganz tot war, rang er sich zu einem verblüffenden Kompromiß durch, zu einem geradezu salomonischen Urteil. Nachdem er die Fotokopien der verbrannten Bilder geprüft hatte, teilte er der Kammer in seinem Schriftsatz mit, daß Carl Hofer für die Stilleben Schadenersatz beanspruchen könne, für die Aktkompositionen jedoch nicht.

Ich habe mir einen Tennisschläger gekauft. Für sechzig Mark. Er ist nicht mehr der jüngste und gehört zu jener Sorte von Rackets, die man in Fachkreisen ›Hängematten‹ nennt. Die Bespannung federt zuwenig. Die Saiten machen, wie man sagt, keine Musik. Trotzdem will ich morgen versuchen, mein Saitenspiel erklingen zu lassen. Alek Scheel, ein gewiegter Tennisspieler und Eisläufer, hat sich bereiterklärt, mich auf dem notdürftig hergerichteten Platz hinzurichten. Ich habe jahrelang nicht mehr gespielt. Seit die Tennisplätze am Kurfürstendamm zweckentfremdet wurden. Erst wandelte man sie in Kartoffeläcker um. Noch später, während des Luftkrieges, verarbeitete man sie zu Splittergräben. Auch Tennisplätze sind geduldig.

Mayrhofen, 30. Juni 1945

Nicht in Tennisschuhen zu spielen, gilt zu Recht als Sakrileg. Ich sündigte nicht lange. Nach dem ersten Seitenwechsel rissen zwei Saiten. Da ein Saitenwechsel nicht möglich war, streckte ich die Waffe. Dr. Scheel will versuchen, den Schaden zu beheben.

Mittags saßen wir auf dem sonnigen Giebelbalkon. Lotte hatte Streuselkuchen gebacken. Er duftete, weil er noch warm war, und schmeckte nach Kindheit. Wir gedachten Marie Antoinettes und ihres aus den Lesebüchern bekannten Ausspruchs, als die Pariser Bevölkerung in Versailles um Brot schrie. »Wozu die Aufregung?« hatte sie gefragt. »Wenn die Leute kein Brot haben, sollen sie Kuchen essen.« Länger als hundertfünfzig Jahre schüttelt die Welt über eine derart majestätische Lebensfremdheit den Kopf. Seit wir in Tirol hausen, verstehen wir den Ausspruch besser. Das Brot unter der Butter hat uns hier droben viel häufiger gefehlt als die Butter auf dem Brot. Und weil Mehl leichter zu beschaffen war, haben wir unseren Hunger öfter als einmal mit Kuchen besänftigt. Marie Antoinettes Vorschlag fußte auf heimatlichen Erfahrungen. Die Franzosen hätten bedenken sollen, daß ihre Königin nicht etwa leichtfertig, sondern Österreicherin war! (Es wäre für künftige Historiker eine reizvolle Aufgabe, das folgenschwere Mißverständnis auszuräumen, ungefähr unter dem Titel ›Das unterschiedliche Vorkommen von Brot und anderen Mehlspeisen in ernsten Zeiten, unter besonderer Berücksichtigung der habsburgischen Länder‹.)

Mitten im schönsten Streuselkuchen erhielten wir Besuch: Kennedy und einen englischen Presseoffizier. Es war Peter Mendelssohn! »Lange nicht gesehen!« sagten wir zwei wie aus einem Munde, und das war nicht übertrieben. Da er in Hellerau aufgewachsen ist, machte er sich, kaum daß er saß, sachverständig über den Kuchen her und verriet dem Amerikaner das sächsische Backrezept. Dann kamen, sehr bald, seriösere Gegenstände zur Sprache.

Sie fragten, ob ich an einer Zeitung mitarbeiten wolle, die man plane. Sie werde, zunächst zweimal wöchentlich, in München erscheinen. Hausenstein und Süskind hätten schon zugesagt, und die Chefredaktion übernähme voraussichtlich der Herausgeber der Zeitschrift ›Hochland‹. Genaueres erführe ich, sobald man selber Genaueres wisse. Ich machte alles Weitere und Nähere begreiflicherweise davon abhängig, ob die erste Station auf meiner Rückreise ins öffentliche Leben München heißen werde oder nicht. So blieb das Thema in der Schwebe.

Dann geriet Mendelssohn ins Erzählen. Hermann Kesten, der alte Freund, lebt in New York. Cyrus Brooks befindet sich seit Kriegsbeginn als Sachbearbeiter in einem der Londoner Ministerien. Bermann-Fischer und Landshoff haben in Amerika einen gemeinsamen Verlag gegründet. Sich draußen zu assimilieren, sagte er, sei den wenigsten deutschen Autoren gelungen. Er zählte zu den Ausnahmen und habe bereits drei Romane in englischer Sprache veröffentlicht. Auch Robert Neumann und Klaus Mann schrieben englisch. Daß es sich um Ausnahmefälle handle, stehe fest. Ob es Glücksfälle seien, stehe dahin.

Als wir unsere Erlebnisse während des Luftkrieges austauschten, kamen traurige Dinge zur Sprache. Mendelssohn hat 1943, bei einem der letzten, verzettelten und strategisch effektlosen Angriffe auf London, ein Kind verloren. (Charakter und Größe eines solchen Schmerzes hängen von der ›Verlustquote‹ ab.) Jetzt ist er, in zweiter Ehe, mit einer Österreicherin verheiratet.

Mayrhofen, 5. Juli 1945

Heute wird in England gewählt. Man rechnet damit, daß die Labourparty siegen und daß Attlee die neue Regierung bilden wird. An der Potsdamer Konferenz am 10. Juli wird in jedem Fall Churchill teilnehmen. Truman, Stalin und er, die großen Drei, werden auch Berlin besichtigen. Sie werden sich ›in den Ruinen der Sklavenstadt‹ umsehen, wie sich die von der amerikanischen Militärregierung dirigierte Innsbrucker Zeitung auszudrücken beliebt.

Vor ein paar Tagen traf hier, bei seiner Frau, ein Ingenieuroffizier der deutschen Luftwaffe ein, dem es gelungen ist, trotz der amerikanischen Abriegelung die Elbe zu überqueren und sich, im Laufe von achtundzwanzig Tagen, nach Tirol durchzuschlagen. Er erzählt, daß bei Messerschmitt, auf Heinckels Rat hin, schon 1939 Turbinenflugzeuge gebaut und erprobt worden seien. Doch Hitler habe die Serienfabrikation abgeblasen. Erst 1944 wurde, wegen des epidemischen Treibstoffmangels, das Steuer wieder herumgeworfen. Aber nun war es zu spät.

Der Bürgermeister, also der Kramerwirt, hat mir mitteilen lassen, daß Lotte und ich ›vorläufig‹ in Mayrhofen bleiben könnten. Wir stünden auf einer Liste, die freilich noch der Genehmigung durch die Amerikaner bedürfe.

Die dafür erforderlichen Dienststellen hatten gestern geschlossen. Man feierte den Unabhängigkeitstag. Im Café Dengg ging es hoch her.

Schliersee
9. Juli bis 2. August

Aus der Chronik

12. Juli   Berlin wird in vier Besatzungssektoren aufgeteilt.

17. Juli   Beginn der Potsdamer Konferenz zwischen Truman, Stalin und Churchill.

28. Juli   In England unterliegen die Konservativen bei den Wahlen. Attlee löst Churchill in Potsdam ab.

2. August Ende der Potsdamer Konferenz. Einige der wichtigsten Beschlüsse: Bis zur endgültigen Grenzregelung durch Friedensvertrag untersteht Ostpreußen mit Königsberg der russischen, Ostdeutschland bis zur Oder-Neiße-Linie, mit Danzig und Stettin, der polnischen Verwaltung. Die Alliierten billigen die ›auf eine geregelte und menschliche Weise‹ durchzuführende Aussiedlung der deutschen Bevölkerung aus Ungarn, der Tschechoslowakei und den Gebieten östlich der Oder und Neiße. Im August passieren täglich rund 30000 Ostflüchtlinge Berlin.

Schliersee, 9. Juli 1945

Wir haben die Adresse gewechselt. Ziemlich Hals über Kopf. Schuld trug das fatale Gerücht, die Amerikaner zögen sich aus Tirol zurück und überließen es den Franzosen, genauer, den Spahis und anderen nordafrikanischen Kolonialregimentern. In der Innsbrucker Hofburg säße die Generalität beider Besatzungsmächte bereits am grünen Tisch, um die Formalitäten zu erledigen. Die Nachricht, wahr oder nicht, schlug wie ein Blitz ein. Kaum hatte man sich an die Rainbows gewöhnt, standen neue Herren ins Haus? Noch dazu Soldaten einer recht fremdartigen Rasse? Muselmänner, denen der Ruf vorausging, ihr Appetit auf europäische Frauen kenne keine Rücksicht? Hatten, im Spanischen Bürgerkrieg, Francos Marokkaner ihre Zügellosigkeit denn nicht anschaulich genug demonstriert? Und hatte ich nicht selber, in Ortschaften am Ammersee, Plakate gesehen, wodurch französische Kommandanturen deutsche Frauen und Mädchen dringend davor warnten, allein unterwegs und allein im Haus zu sein?

Als vor drei Tagen in Mayrhofen höhere französische Offiziere auftauchten, sich im Dorf umschauten und mit den amerikanischen Kameraden unterhielten, fanden wir jedenfalls, nun sei keine Zeit zu verlieren. Wie aber konnten wir uns nach Bayern ›absetzen‹, legal und ohne lange Umstände? Wir hatten Glück. Harald Braun, in Eberhards Abwesenheit der Verantwortliche, besaß ein gestempeltes, befristetes, aber noch gültiges Papier, die Genehmigung für einen LKW-Transport innerhalb eines Umkreises, der München als Ziel einbegriff. Das war die Hauptsache. Alles andere machte keine besonderen Schwierigkeiten. Das Benzin, ein Fuhrhalter und ein offenes Lastauto mit Plane wurden aufgetrieben. Die Bündel wurden geschnürt. Und schon beim nächsten Morgengrauen fuhren wir, zusammengepfercht und durcheinandergeschüttelt, auf Koffern und Planken hokkend, das Zillertal hinunter, über den Inn und ins Bayerische hinein. An den Kontrollpunkten machten die Posten große Augen, aber keine Einwände. Das gestempelte Papier war in Ordnung.

Während der Wagen und die Passagiere in Schliersee verschnauften, suchte Lotte ihre Schwester Lore auf und fragte, schon im Begrüßen, ob sie für uns zwei vorübergehend eine Bleibe wisse, da wir in München eigentlich noch gar nicht gefragt seien. Lore lief treppauf, besprach sich mit den Hausgenossen, kam zurück und sagte, es werde sich arrangieren lassen. So ließen wir uns vom Lastwagen nur noch unsere zweimal Fünfsachen herunterreichen. Ich kritzelte die neue Adresse auf vier Zettel und bat Harald Braun, bei der ersten Gelegenheit je einen der Zettel Eberhard, Kennedy, Mendelssohn und Buhre in die Hand zu drücken. Dann fuhr der Lastwagen davon. Wir winkten hinterdrein. Die neue Adresse heißt: Schliersee, Unterleiten 6.

Wenn unbekannt bleibt, wo man wohnt, ist man heute unauffindbar. Man ist verschollen. Man ähnelt Tolstois Lebendem Leichnam. Das wird sich so mancher zunutze machen, der die Vergeltung fürchtet. Er bringt sich um und lebt weiter. Nichts ist leichter. Er taucht in einem Dorf auf, hat keine Papiere, lügt sich einen belanglosen Namen und Lebenslauf zusammen, und schon ist der Schinder und Henker, der er war, mausetot. Statt seiner, den man richten, wenn nicht gar hinrichten würde, existiert ein andrer, ein freundlicher Mann, der heiraten und Kinder schaukeln wird, obwohl er verheiratet und ein Mörder ist. Vielleicht wird ihn, irgendwann einmal, einer erkennen, eins der übriggebliebenen Opfer, und wird schreien: »Das ist er!« Vielleicht. Es wird ein Zufall sein. Wenn er ein tüchtiger Mörder war, hat er dafür gesorgt, daß kein Zeuge übrigblieb.

Das Bauernhaus, worin wir Unterschlupf gefunden haben, ist kein Bauernhaus mehr, sondern es gehört einem Hochschulprofessor, der ein Menschenfreund zu sein scheint. Er hat das stämmige Gebäude, vom Keller bis zum Dach, einigen Frauen aus dem Münchener Bekanntenkreis anvertraut, und jetzt haben auch wir fürs erste ein Asyl. Ich schlafe in einer Bodenkammer, und nur die Nacht nach der Ankunft machte mir zu schaffen, weil ich den Eindruck hatte, ein Regiment berittener Heinzelmännchen halte nebenan im Dunkeln Manöver ab. Die Attacken der rätselhaften Kavallerie endeten erst, als der Morgen dämmerte. Nun erfuhr ich auch, wer so erstaunlich gelärmt hatte. Es waren Siebenschläfer gewesen, freundliche Nagetiere also, die sich im Speicher einquartiert haben. Bei Tage bleiben sie unsichtbar. Nachts donnern sie mit den Hufen, die sie nicht besitzen. Aber seit ich weiß, wer da randaliert, schlafe ich lächelnd ein. Nur der Name der muntern Nachbarn macht mir zu schaffen. Siebenschläfer? Wer sie so getauft hat, war ein

Witzbold. Oder der Volksmund hatte damals keine Ohren.

Die neue Umgebung führt zu neuen Bekanntschaften und zu den alten Diskussionen. Immer wieder wird der amerikanische Vorwurf, die deutschen Gegner der Diktatur hätten kläglich versagt, als ungerecht empfunden. Wer so abschlägig urteile, heißt es, sei ein Ignorant oder ein Pharisäer oder beides. Man habe, heißt es, sowenig tun können wie ein Gefesselter, der zusehen muß, wie seine Frau und seine Kinder gequält werden.

Ich weiß, daß der Vergleich zutrifft. Trotzdem fürchte ich, daß auch der Vorwurf stimmt. Wir nehmen die Bibelzeile ›Seid untertan der Obrigkeit, die Gewalt über euch hat!‹ wörtlicher als andere Völker. Wir bleiben untertänige Untertanen, auch wenn uns größenwahnsinnige Massenmörder regieren. Und was uns an der Empörung hindert, sind nicht nur die Fesseln. Was uns lähmt, ist nicht nur die nackte Furcht. Wir sind bereit, zu Hunderttausenden zu sterben, sogar für eine schlechte Sache, doch immer auf höheren Befehl. Wir opfern uns en gros und auf Kommando. Wir sind keine Attentäter, auch für die edelste Sache nicht, gerade hierfür nicht. Unsere Attentate mißlingen. Es gehört zum Charakter. Wir sind politisch subaltern. Wir sind Staatsmasochisten. ›Euch liegt der Rohrstock tief im Blut‹, habe ich einmal geschrieben. Den Rest an Einzelmut beseitigt die Erziehung. ›Es ist schade um den Menschen‹, sagt Indras Tochter im ›Traumspiel‹. Es ist schade um die Deutschen. Sie haben eine Tugend und ein Talent zuwenig. Es fehlt ihnen das Zeug zur Nation.

Nun haben ihnen die Sieger die Abrechnung mit der Diktatur abgenommen, die spontane Vergeltung, das

Ziehen des Schlußstrichs, die Bilanz der Rache, die selbständige Rück- und Heimkehr in die Ordnung der Völker. Das Ausland vollzieht die Liquidation, und die deutschen Gläubiger gehören zur Konkursmasse. War eine andere Lösung abzusehen? Wo war, vor zwei Monaten, unser eigner Wille zur Abrechnung? Wo war die zum Tribunal entschlossene und legitimierte Minderheit? Die Halbtoten aus den Konzentrationslagern kamen ins Lazarett. Wer Uniform trug, kam hinter Stacheldraht. Die Minorität war nicht aktionsfähig. Und es ist die Frage, ob sie gehandelt hätte, wenn sie zu handeln imstande gewesen wäre. Daß es die Frage ist, verbirgt und verhüllt die Antwort.

Am Rathaus hängt ein Anschlag, der zum Thema gehört. Er lautet: ›Achtung! Haltlose Denunziationen haben derart überhandgenommen, daß ich veranlaßt bin, im Auftrag der Militärregierung folgendes bekanntzugeben: Ungerechtfertigte Denunziationen werden hinfort mit empfindlichen Strafen geandet(!). Wer – ohne dies beweisen zu können – behauptet, jemand sei Parteigenosse gewesen oder habe sich für den Nationalsozialismus eingesetzt, oder wer grundlos andere ehrenrührige Gerüchte ausstreut, wird polizeilich bestraft. Schliersee, 26.6.45. Der Bürgermeister, Gasteiger.‹

Der Wortlaut ist nicht nur als Mitteilung interessant, sondern auch psychologisch. Wer von haltlosen und ungerechtfertigten Denunziationen spricht, hält auch berechtigte Anklagen für ›Denunziationen‹, nur daß sie nicht haltlos und deshalb nicht strafbar sind.

Trotz meiner Aversion gegen historische Stoffe fände ich eine ›Geschichte Karthagos nach dem Dritten Punischen Krieg‹ schreibenswert. Als Nichtparallele! Karthago wurde verpflanzt, von der Küste entfernt. Damit verschwand es aus der Geschichte. Deutschland läßt sich verkleinern. Das wird, im Guten wie im Schlimmen, nichts ändern. Wer es ändern wollte, müßte die Geographie ändern. Er müßte Deutschland verpflanzen.

Schliersee, 29. Juli 1945

Nun sind wir schon drei Wochen in Schliersee und haben die erforderlichen Papiere ergattert: die Aufenthaltsbewilligung, die Lebensmittelkarte, die Haushaltskarte und, sogar, die Sonderzuteilungskarte für Arbeitende. Wir holen Milch, wir holen Kartoffeln, wir holen in den Gasthöfen Bier und Suppe, wir pflücken an den Hängen überm Ort Himbeeren, wir stehen im Rathaus wegen der Kennkarte an, kurz, wir sind, ohne etwas zu tun, wieder einmal von früh bis spät beschäftigt. Das Leben zu fristen, frißt Zeit. Manchmal werden wir größenwahnsinnig, opfern eine Fleischmarke und essen, als herrschten normale Zustände, im ›Fischerstüberl‹ zu Mittag. Manchmal pilgern wir zum gegenüberliegenden Ufer, schwimmen im See, hocken faul in der Sonne und tun das Übliche: Wir warten. Wir warten, daß etwas geschehe. Aber es geschieht nichts. Nichtstun, gerade jetzt, ist eine anstrengende Beschäftigung.

Zweimal in der vergangenen Woche hielten Autos vor der Tür und brachten Besuch und allerlei Grüße. Pamela Wedekinds Schwager, der Bruder von Charles Regnier, kam von weither, aus Hamburg. Gustav Knuth und Titti seien dort, Käutner und Liebeneiner. Veit Harlan chauffiere einen schwedischen Wagen. Felix von Eckardt gebe den Ostenholzer Anzeiger heraus. Max Schmeling plane einen Buchverlag, was ja wohl bedeutet, daß John Jahr nicht weit sein kann. Schmeling lasse fragen, ob ich nicht nach Hamburg kommen wolle. Die Engländer hätten mit Hamburg viel vor.

Nachdem er dies und anderes berichtet hatte, fuhr Regnier weiter. Es gibt einen neuen Beruf, das Verbreiten von Personalnachrichten, landauf, landab, in interessierten Kreisen. Diese ›Gesprochene Zeitung‹ hat eine vorübergehend durch nichts anderes ersetzbare wichtige Funktion.

Vorgestern hielt, aus München kommend, Walter Jansen vorm Haus, vergnügt wie immer, und die Tasche voller Atteste und Genehmigungen. Er soll und will ein ambulantes Theater aufziehen und mit leicht spielbaren Stücken nicht nur die Dörfer, sondern auch jene Städte aufsuchen, deren Bühnenhäuser zerbombt worden sind oder bis auf weiteres leerstehen. Beginnen will er mit einem Tirso de Molina, den er in Wien inszeniert hat. Er fährt kreuz und quer durchs Land, sucht Schauspieler und verbreitet die ihm eigne gute Laune. Aus Berlin hatte auch er noch nichts gehört. Wir tranken, mit nach Molke schmeckendem, lauem Dünnbier, aufs Wohl der dort verbliebenen ›Stammtischler‹, auf Heini Heuser, auf den ›manisch vergnügten‹ Rotzoll und auf Jonny, den Romeo der Meininger, den Wirt und besten Gast des Kleinen Künstlerrestaurants.

Schündlers erstes Kabarettprogramm, erzählte Jansen, sei den amerikanischen Theateroffizieren intern vorgeführt und von ihnen ohne Striche abgenommen worden. Die Premiere stehe bevor. Im Herbst werde Erich Engel als Regisseur und wohl auch als Intendant die Kammerspiele eröffnen. Man mache ihm zwar zum Vorwurf, daß er kein Bayer sei. Doch scheine dieser offenkundige Geburtsfehler Engels Chancen nur unbeträchtlich zu vermindern.

In Frankfurt unterhielt sich Jansen mit einem amerikanischen Leutnant, der sich bei näherem Zusehen als Billy Wilder entpuppte. Er hat es in Hollywood zu einem sehr erfolgreichen Filmregisseur gebracht. Daß ich mich mit ihm in Babelsberg über das Drehbuch für ›Emil und die Detektive‹ bis zur Weißglut herumstritt, ist über fünfzehn Jahre her. Aus Kindern werden Leute.

Wir haben uns mit einem amerikanischen Sanitätsfeldwebel angefreundet. Andy, so heißt er, bemuttert und beonkelt uns, als kenne er uns seit eh und je. Wenn er, allabendlich nach Dienstschluß, aufs Haus zuschlendert, an die Fensterscheibe klopft und lächelnd in die Bauernstube tritt, ist es ihm und uns, als komme er heim. Bevor er sich's am Tisch gemütlich macht, kramt er aus, was er mitgebracht hat: Kaffee, Zigaretten, Schokolade, Zahnpasta, illustrierte Zeitschriften und, in Feldpostformat, Romane, Kurzgeschichten und sonstige Lektüre. Dabei freut er sich so zurückhaltend wie möglich. Wir freuen uns viel ungenierter. Falsche Töne gibt es nicht.

Beim Kaffee wird dann erzählt. Andy geht der Stoff nicht aus. Er wohnt mit seiner Mutter in Long Island, verbringt aber mehr als die Hälfte des Jahres in Kanada, nicht zuletzt in Alaska. Denn er ist Einkäufer einer großen New Yorker Pelzfirma, und die Stapelplätze der Felljäger liegen hoch im Norden. Oft genug reist er mit Hundeschlitten, denn gerade die Eskimos zählen ja zu den Stammlieferanten der Firma. So gehören Kälte, Einsamkeit und wunderliche Abenteuer zu seinem Metier, und er liebt den seltsamen Beruf. Während er erzählt, darf man ihn nicht ansehen, denn er ist ein hübscher Kerl, aber er schielt ein wenig. Und wenn er spürt, daß man ihn anschaut, springen die Pupillen erschreckend weit auseinander. Das merkt er, und dann weiß er nicht, wo er hinsehen soll. Und wir wissen's erst recht nicht.

Sonntags machen wir mit ihm Ausflüge in die Berge hinterm Haus, pflücken Beeren, tun uns an den Lunchpaketen gütlich, die ihm der Küchenunteroffizier in die Hand gedrückt hat, und halten im Gras ein Nachmittagsschläfchen. Andy hat sich, als er eingezogen wurde, als Sanitäter gemeldet, weil er, als Abkömmling von Quäkern, nicht schießen, sondern helfen wollte.

Schliersee, 2. August 1945

Heute schickte Andy einen gewissen Kr. herüber, einen jener Häftlinge, die, mehr tot als lebendig, in den Konzentrationslagern vorgefunden wurden und am Leben erhalten werden konnten. Er war in verschiedenen Lagern, unter anderem in Auschwitz, Melk und Ebensee, und wog, als man ihn fand, sechsundneunzig Pfund. Obwohl er seitdem, bei ärztlicher Aufsicht und gründlicher Pflege, nahezu sechzig Pfund schwerer geworden ist, hat er sein Normalgewicht noch nicht wieder erreicht. Man hat ihn in eine amerikanische Montur gesteckt, und da sich der Sanitätsfeldwebel Andy um ihn kümmert, ist er in besten Händen.

Kr. kam, um zu erzählen, und was er erzählte, war grauenhaft. Es hat nicht den mindesten Sinn, den Abscheu, den der Bericht erregte, in Worte zu fassen. Der Ekel über das, was in den Lagern geschehen ist, läßt sich überhaupt nicht artikulieren. Man kann die Beispiele nur aufzählen, als handle sich's um einen Katalog, um statistisches Material, um Eintragungen ins Register, ins Sündenregister, ins Todsündenregister einer Verbrecherherrschaft. Es sind beispiellose Beispiele. Die Mörder waren

Tiere, die sich für Menschen hielten. Die Opfer waren Menschen, die man für Tiere hielt. Die Geschehnisse gehören nicht in die Geschichte, sondern in des Teufels Gesangbuch. Die Lager glichen Irrenanstalten, aber in der Umkehrung, denn wahnsinnig waren nicht die Insassen, sondern das Personal.

Und nun, ohne jede Gefühlsverzierung, ein paar Nummern aus dem Katalog:

1. Arbeitsuntaugliche, also unnütze Häftlinge wurden, 800 Stück pro Serie, nackt in ›Duschräume‹ getrieben, eingeriegelt und vergast. In den Pausen zwischen den Serienmorden transportierten gleichfalls aus Häftlingen bestehende Sonderkommandos die jeweils 800 Leichen zu den Verbrennungsöfen. Und nach Abschluß der Gesamtprozedur wurden die Sonderkommandos selber unter die Dusche gejagt. Tote plaudern nicht.

2. Nach dem Tod wurden die unnütz gewesenen Häftlinge noch einmal nützlich. Man verwendete ihre Habseligkeiten weiter, auch die Kleidung, die sie vorm Betreten der Duschräume zurückgelassen hatten. Und man ließ durch Zahnärzte aus den Gebissen der Leichen die Plomben und Brücken herausbrechen. Das Gold und Platin wurde eingeschmolzen und in Kilogrammklumpen nach Berlin geschickt. Kr. hat längere Zeit auf einer solchen Zahnstation beim Einschmelzen geholfen und bezeichnete den Stationschef, den SS-Hauptsturmführer und Zahnarzt Dr. Frank aus Stuttgart, als den einzigen ›menschlichen‹ Mann im Lager.

3. Ein besonders widerwärtiges Kapitel in der Geschichtsschreibung jener Lager wird den Ärzten gewidmet werden müssen. Sie benutzten, im Namen der Forschung, die Häftlinge als Versuchstiere, und sie verfuhren mit derselben Kaltblütigkeit wie bei Ratten und Meerschweinchen. Eine der Versuchsreihen galt der Ste-

rilisation. Man injizierte Hunderten von weiblichen Häftlingen ein neues Scheringpräparat, verfolgte sorgfältig die Verkümmerung der Eierstöcke und der Gebärmutter, und wenn die Fälle uninteressant wurden, ließ man die Frauen vergasen und ein paar hundert neue bereitstellen. Die Leichen überließ man den Zahnärzten.

4. Die SS-Ärzte betrieben ihren Sadismus auch ohne wissenschaftlichen Vorwand. Einer von ihnen las, wenn er durchs Lager ging, junge Häftlinge auf und kastrierte sie. Anschließend erwirkte er ihre Freilassung.

5. Daß der zweckfreie Sadismus kein Privileg für Vollakademiker war, ist begreiflich. Die Verbrecher ohne Abitur und Promotion ließen sich nicht lumpen. Einer von ihnen pflegte einen Stock mit einem metallnen Kugelknauf zu tragen und, wenn es ihn danach verlangte, folgendermaßen zu benutzen: Er befahl dem Häftling, den Mund aufzusperren, und dann stieß er dem Mann den Metallknauf tief in den Hals, wieder und immer wieder, bis Schlund und Mund bluteten und die Lippen rissen.

6. Da die Kommandanten mit Vorliebe die ›Kapos‹ aus dem Kontingent der kriminellen Insassen auswählten, fanden auch notorische Schwerverbrecher, noch dazu straflos, Gelegenheit, sich auszuleben. So erhielt einer dieser Kapos, vorm Abmarsch mit 250 Häftlingen in ein Außenwerk, vom Obersturmbannführer den Befehl, am Abend mit nur 225 Mann zurückzukommen. Der Auftrag lautete also, bis dahin fünfundzwanzig Menschen umzubringen, und der Untermörder tat seine Pflicht. Die Auswahl traf er, indem er die Gruppe so oft strammstehen ließ, bis fünfundzwanzig Mann ›nachgeklappt‹ hatten. Sie waren die Todeskandidaten, mußten vor der Baubaracke antreten und einzeln hineinkommen. Das

jeweilige Opfer mußte den Kopf auf einen Stuhl legen. Der Kapo brach dem Mann mithilfe eines schweren Instruments das Genick. Der Nächste hatte die Leiche aus dem Hinterfenster zu werfen, bevor er selber vor dem Stuhl niederkniete. Die fünfundzwanzigste Leiche warf der Kapo, in Ermangelung eines sechsundzwanzigsten Opfers, persönlich aus dem Fenster. Er hatte seinen Spaß gehabt, und der Befehl war ausgeführt.

Während der letzten Woche im Lager, erzählte Kr., seien Nacht für Nacht Dutzende an Entkräftung gestorben. Zehn Mann erhielten pro Tag ein Brot, und die Suppe bestand aus heißem Wasser mit Kartoffelschalen. Die Häftlinge waren so abgemagert, daß vier auf einer Pritsche Platz hatten. Einmal in der Woche durften sie sich waschen. Im Pissoir fingen sie, nachts und heimlich, das über die Wand rieselnde Wasser auf, um sich den Mund zu spülen.

Am 5. Mai wurde ihnen mitgeteilt, daß die militärische Lage kritisch sei und daß man sie, elftausend Mann, in einen der in den Berg gebauten Fabrikstollen bringen werde. Da sie sich sträubten, entschloß sich die Lagerleitung zum Marsch in westlicher Richtung. Wer in der Elendskolonne zusammenbrach, wurde vom Begleitkommando erledigt. Als man ein bereits verlassenes anderes Lager erreicht hatte, jagte man, was übriggeblieben war, in die Baracken, entfernte die elektrischen Sicherungen und machte die Laden dicht. Sonst geschah nichts.

Weil die Häftlinge am nächsten Morgen nicht geweckt worden waren, brachen sie einen der Laden auf und sahen, wie, hinterm Drahtzaun, einer der SS-Posten die Abzeichen von der Uniform trennte. Jetzt wußten sie: Es war soweit. Denn man ließ sie allein. Die Wartepause war kurz. Dann tauchte die amerikanische Vorhut auf, und sie wurden befreit.

Postskriptum 1960

Aus der Chronik

6. August	Abwurf der ersten Atombombe, auf Hiroshima.
8. August	Die Russen erklären Japan den Krieg und marschieren in der Mandschurei ein.
9. August	Abwurf der zweiten Atombombe, auf Nagasaki.
10. August	Japan kapituliert.
12. August	Ausrufung der Koreanischen Volksrepublik.
14. August	Rußland und Nationalchina schließen einen Freundschaftsvertrag.

Mit den Notizen darüber, was Kr. erzählt hatte, bricht das Tagebuch unvermittelt ab. Erst drei Jahre später griff ich, aus der Erinnerung an jene Augusttage, den Faden wieder auf und schrieb, im ›Täglichen Kram‹, zurückblickend: ›Wir stecken hilflos fest, wie Nägel in einer Wand. Wer wird uns herausziehen? Und wann?‹

Warum war ich nicht mit Harald Braun und den anderen, damals auf dem Lastwagen, nach München gefahren? Ich hatte mich freiwillig in die Ecke manövriert. Heute noch, nach fünfzehn Jahren, spüre ich bis in die Fingerspitzen, wie lästig mir das Wartenmüssen geworden war. Kennedy ließ nichts von sich hören. Mendelssohn war, wie sich nachträglich herausstellen sollte, in Potsdam, in dessen Trümmern er, als englischer Korrespondent, an der Konferenz zwischen Truman, Stalin und Churchill teilnahm. Und was tat ich? Ich holte, mit einer Wasserkanne ausgerüstet, im Gasthof markenfreie Suppe!

Eines Abends, als wir auf Andy warteten, der sich und einen Topf mit Eierkuchenteig angekündigt hatte, weil er auf dem Herd echt amerikanische ›pancakes‹ produzieren wollte, erschien ein Lazarettgehilfe auf der Bildfläche mit Teig und Schmalz und Abschiedsgrüßen. Andy war Hals über Kopf nach Paris und von dort aus, per Flugzeug, nach Washington beordert worden. Die Eierkuchen schmeckten vorzüglich, doch sie waren mit Wehmut gefüllt.

›Da, eines Tages‹, lese ich in dem kurzen chronologischen Rückblick, ›hält ein wackliges Auto vor dem Bauernhaus. Man holt uns für ein paar Tage nach München. Einige Schauspieler wollen dort ein Kabarett eröffnen. Daraus wird, wie sich bald zeigt, nichts werden. Wenn sich alle Pläne dieser Wochen verwirklichten, gäbe es bald mehr Kabaretts und Theater als zerstörte Häuser. Immerhin, wir sind endlich wieder in einer Großstadt. Schliersee sieht uns auf Jahre hinaus nicht wieder.‹

Ich lese die Sätze und erinnere mich. Der Freund, der uns abholte, war Viktor Becker, Willi Forsts langjähriger Regieassistent. Er und Peter Gillmann, ein Filmautor und Mitarbeiter von Curt Goetz, ein Kumpan aus Karls Landhaus an der Havel, planten ein Kabarett im halbzerstörten Künstlerhaus. Der musisch beflügelte Amerikaner, der uns vergeblich unterstützte, hieß Hugoboom, ein glänzender Pianist, von Beruf Orchester- und Chordirigent an einem College. Das Military Government machte aus der malerischen Ruine eine Snackbar. Viktor Becker, dessen Mutter Engländerin war, ging nach London. Auch hier hatte er kein Glück. Er trank zuviel und wurde nicht betrunken. Daran ist er, viel zu früh, gestorben.

Sonst geschah im August 1945 nichts? Andy ging, Viktor kam, Hugoboom spielte Brahms. War das alles? Nur dünne Suppe aus dem Wirtshaus, nur Eierkuchenteig mit Abschiedsgrüßen, nur ein wackliges Auto zwischen Schliersee und München, nur der Schritt aus einer Bodenkammer mit Seeblick und Siebenschläfern in ein Pensionszimmer mit Fenstern aus Pappe? Die Kleine Chronologie weiß es nicht besser.

Was wichtig war, steht auf einem anderen Blatt und in einem anderen Buch, nicht in der Kleinen Chronologie, sondern in der Großen Chronik. Ihr Rapport über genau dieselben Tage lautet: ›Am 6. August 1945 Abwurf der ersten Atombombe. Am 10. August Kapitulation Japans.‹

Daß der amerikanische Major Claude Eatherly, der vor dem Abwurf der Atombomben auf Hiroshima und Nagasaki ein Aufklärungsflugzeug steuerte, seitdem an einem unheilbaren Schuldgefühl leidet, neunmal im Irrenhaus war und dieser Tage, im Januar 1961, von einem Geschworenengericht in Waco für geisteskrank erklärt und zur Behandlung einer ›schizophrenen Reaktion‹ zum zehnten Mal in eine Anstalt gebracht worden ist, gehört zum Kleinkram und nicht ins Große Buch. Und auch die unbestätigte Meldung, der Pilot eines der Bombenflugzeuge habe später Selbstmord begangen, gehört nicht hinein. Da müßte schon, amtlich bestätigt, die gesamte Menschheit Selbstmord begehen! Doch welche Amtsperson bliebe dann übrig, das totale Harakiri zu beglaubigen und die offizielle Meldung einzutragen? Am Ende das Höchste Wesen, woran so viele glauben, ganz gleich, wie unterschiedlich sie's benennen? Griffen ihre Götter zum Federkiel?

Nein. Es gibt Milliarden Sterne. Der nachweisliche Selbstmord unseres Planeten wäre nicht wichtiger als der unbestätigte Selbstmord jenes Piloten. Der selbstgewählte Untergang der Erdbewohner hätte in der Chronik der Sonnensysteme und Spiralnebel nichts zu suchen. Was ist denn schon unser elliptisch rotierendes Kügelchen, wenn die Menschen keine Menschen sind? Kleinkram. Widerwärtiger, krötenhafter und zu groß geratener Kleinkram. Rufen Sie jetzt nicht: »Ach du lieber Himmel!« Sagen Sie mit mir: »Ach du liebe Erde!«

NOTABENE 1945

BÜCHER VON ERICH KÄSTNER

Herz auf Taille
Lärm im Spiegel
Ein Mann gibt Auskunft
Fabian
Gesang zwischen den Stühlen
Drei Männer im Schnee
Die verschwundene Miniatur
Doktor Erich Kästners Lyrische
Hausapotheke
Der kleine Grenzverkehr
Bei Durchsicht meiner Bücher
Der tägliche Kram
Kurz und bündig
Die kleine Freiheit
Die dreizehn Monate
Die Schule der Diktatoren
Notabene 45

Kästner für Erwachsene
Ausgewählte Schriften

ATRIUM VERLAG